Ma cuisine week end

Pour leur précieuse collaboration,
nous tenons à remercier les
boutiques suivantes :
Arthur Quentin
Couleurs
Maison Lipari
Villeroy et Boch
Option D
Quincaillerie Dante
Rob MacIntosh

Catalogage avant publication de
Bibliothèque et Archives Canada
Larrivée, Ricardo
  Ma cuisine week-end
  Comprend un index.

ISBN 2-923194-05-5

1. Cuisine. I. Titre.
TX714.L37 2004   641.5   C2004-941440-2

ISBN 2-923194-05-5
Imprimé et relié au Québec
Design : Luz design+communications
Numérisation : Photosynthèse
Impression : Interglobe

Les Éditions
LA PRESSE

Président
André Provencher

Directeur de l'édition
Martin Rochette

Adjointe à l'édition
Martine Pelletier

44, rue Saint-Antoine Ouest
Montréal (Québec)
H2Y 1J5

Sommaire

À mes chatonnes,
Brigitte, Béatrice, Clémence et Jeanne

Mot

Je n'ai qu'un seul objectif en cuisine, c'est le plaisir. Le plaisir de partager, de goûter, de toucher aux aliments qui deviendront des petits et des grands plats. D'aussi loin que je me souvienne, j'ai toujours aimé être derrière le comptoir de la cuisine, les mains dans la farine. Le mouvement du cuisinier me rend heureux, le silence de la création culinaire m'apaise. J'aime faire la cuisine à la fois pour la découverte des saveurs et pour la satisfaction que me procure le geste d'offrir de la nourriture aux gens que j'aime.

J'ai eu beaucoup de plaisir à faire ce livre et surtout à faire goûter les innombrables versions et essais des recettes. J'ai mis à contribution chaque membre de la famille. J'ai réquisitionné ma belle-mère Pierrette je ne sais combien de fois par jour pour qu'elle me donne son avis sur une vinaigrette ou un morceau de gâteau. Je dois vous dire que Pierrette est à la maison tous les jours de la semaine pour s'occuper de nos filles. Sans son amour et sa patience, il serait impensable de vivre tout ce que nous vivons d'extraordinaire en ce moment. Je vous entends déjà dire : « la chanceuse, elle mange tout le temps ! » Mais passer de la dégustation d'une marinade à celle d'une tarte, d'une bouchée de bœuf à un morceau de sucre à la crème avec les enfants qui courent, les amis qui passent et son gendre qui angoisse sur sa dernière recette, je vous le dis, elle est faite forte notre Pierrette.

Depuis six ans déjà, par la télévision, j'essaie de répondre quotidiennement à l'éternelle question que l'on se pose en ouvrant le réfrigérateur : qu'est-ce que je pourrais bien cuisiner ? Après avoir couru toute la semaine, on bénit le week-end. La cuisine prend alors un tout autre sens. D'une activité presque angoissante pour certains, la cuisine devient le prétexte à une détente méritée.

Avec des recettes toujours aussi faciles d'approche, j'ai voulu vous proposer une cuisine d'atmosphère. Je me suis imaginé ce que j'aime faire le week-end : écouter un film avec les chums, bruncher avec la famille, recevoir des amis, organiser une fête pour les enfants... Et contrairement à la semaine, on peut alors se permettre d'élaborer un menu avec un peu plus d'ambition.

J'ai aussi pensé au vin. Combien d'entre nous sommes restés plantés devant les bouteilles alignées à la SAQ en attendant l'illumination ? Bien fait, le mariage d'un vin avec le bon plat peut décupler le plaisir du repas. Pour réussir ces accords, j'ai fait appel au talent du sommelier Alain Bélanger.

Ce livre, je le vois à la fois comme une base et un prétexte à la fête. Ce qu'il y a de beau en cuisine, c'est que tout est possible. Chacun peut interpréter la recette à sa façon. C'est à tout le moins ce que je souhaite.

Merci !

Si je n'avais qu'un seul remerciement à faire, et ce, pour tout ce que j'ai dans la vie, c'est à toi, ma douce Brigitte, qu'il reviendrait. Sans toi, mon bonheur n'aurait pas été possible, mes ambitions auraient été vaines. Grâce à toi, notre famille a du sens et nos trois filles s'épanouissent un peu plus chaque jour. Quelle mère formidable tu es ! Travailler avec un talent aussi grand est une chance inouïe, vivre avec toi un privilège sans nom.

Ensemble, nous avons décidé de faire de la cuisine un plaisir renouvelé au quotidien. Grâce à ton sens légendaire de l'organisation, ta rigueur intellectuelle et une ténacité sans borne, tu as su canaliser mon énergie débridée.

Ce livre est mon premier et je l'ai longtemps rêvé. Bien que je sois solitaire en cuisine, c'est le désir de me retrouver à table avec ma famille et mes amis qui m'a guidé. Le partage est l'essence même de la cuisine et ce livre, je le partage avec vous qui aimez la cuisine, mais aussi avec tous ceux qui ont mis la main à la pâte et l'ont rendu possible.

Merci à toi, Nathalie Simard, avec qui je cuisine, je goûte et je regoûte de façon quasi quotidienne les recettes qui m'allument.

Si ce livre est si beau, je le dois en grande partie à Christian Lacroix et à son équipe. Quand je pense à la chance que j'ai de travailler avec toi, je me pince encore pour y croire. Merci Christian pour ta générosité, ta sensibilité dépeinte dans chacune de tes photos et ta créativité sans fin. Voir ma cuisine prendre vie à travers ton objectif est magique. Christian n'est pas seul au studio de photos. Les dernières années m'ont rendu accro de Lise Carrière et d'Anne Gagné. Lise, au-delà de tes prouesses en stylisme, ce sont tes immenses caresses dignes d'une déesse de l'Olympe qui me rendent fou de joie. Ton bon goût, combiné aux doigts de fée d'Anne, c'est la totale. Anne a tellement de talent qu'elle peut faire d'un ragoût de boulettes un chef-d'œuvre visuel. Merci à vous deux. Pierre-Luc, tu complètes cette équipe du tonnerre. Grâce à toi, les verres sont pleins et les bobines aussi. Merci aussi à toi, Lise Madore, l'ange-gardien de Christian et de nous tous.

Lucie Arsenault, tu es formidable. Je connais peu de directrices artistiques aussi patientes et travaillantes que toi. Tu as travaillé sur ce livre comme si c'était le tien. Jusqu'à la dernière seconde, tu as fignolé ce bébé pour en faire un objet de fierté pour nous tous. Merci aussi à ton équipe : Ghislaine Tremblay, Patrick Sirois, Élise Bergeron et Denis Rainville.

Merci Hélène Paquet et Frédérique Laliberté pour votre bon français.

Merci Alain Bélanger pour tes suggestions de vin et je te remercie doublement de faire du vin un plaisir accessible à tous, un plaisir que tu partages sans snobisme.

Un immense merci aux Éditions La Presse de m'avoir laissé une liberté totale tant pour le contenu que pour le contenant de mon livre. C'est un privilège de nos jours de travailler avec des gens qui privilégient la qualité plutôt que la quantité. André Provencher, tu n'es pas simplement pour moi le président des Éditions La Presse, tu es celui par qui tout est arrivé ces dernières années. Je t'en serai toujours reconnaissant. Merci Martin Rochette, directeur de l'édition, pour ta patience et ton enthousiasme contagieux. Septembre, n'est-ce pas un beau mois pour terminer un livre ! Et finalement, merci à Martine Pelletier, adjointe à l'édition, pour ton sens critique et tes yeux de lynx.

Merci maman, ma première goûteuse, d'avoir fait de moi ce que je suis contre vents et marées. Je te remercie de m'avoir transmis ton sens de la famille et ton optimisme sans limite. Martine, ma petite sœur chérie, celle à qui j'ai fait goûter mes première recettes, je te ferai encore des meringues quand nous serons au foyer...

Et merci à vous, chers lecteurs et chères lectrices, pour votre fidélité.

Avant de cuisiner

Voici quelques informations sur l'équipement, les ingrédients et les techniques que j'utilise lorsque je crée mes recettes.

Des détails qui peuvent faire la différence entre un gâteau dense et un gâteau léger, cuit à point.

ÉQUIPEMENTS

FOUR
Toutes les recettes ont été testées dans un four conventionnel. Les temps de cuisson sont pour un four qui est préchauffé avant que l'aliment soit enfourné. Les thermostats des fours ne sont pas toujours exacts et peuvent fluctuer. Il est bon de vérifier l'exactitude du thermostat de votre four à l'aide d'un thermomètre à four. Vous connaîtrez alors l'ajustement à apporter. Si vous utilisez un four à convection, diminuez la température de cuisson de vos recettes de 25 °F/15 °C et le temps de 25 %.

THERMOMÈTRE À VIANDE
Dans les recettes de viande tels que les rôtis et le poulet entier, je vous donne toujours un temps de cuisson approximatif mais rien n'est plus juste que la température interne de la viande que l'on vérifie au thermomètre à viande. Vous trouverez aussi cette information dans la recette.

MOULES ET PLAQUES À CUISSON
Les moules et les plaques que j'utilise sont généralement en aluminium avec un fini mat. Si vos moules sont noirs ou très foncés, réduisez le temps de cuisson de quelques minutes. Augmentez le temps de cuisson si vos moules sont très reluisants.

DIMENSION DES MOULES
Je précise toujours la dimension des moules utilisés. Pour vérifier les dimensions de vos moules, prenez les mesures à l'intérieur du haut du moule, sans compter le rebord.

INGRÉDIENTS

ŒUFS
Les recettes sont testées avec des gros œufs.

BEURRE
Le beurre est salé à moins qu'il ne soit précisé autrement.

FARINE TOUT USAGE
Lorsque la sorte de farine n'est pas précisée, c'est qu'il s'agit de la farine tout usage. Je préfère la farine tout usage non blanchie.

FARINE À PÂTISSERIE
La plupart du temps, j'utilise cette farine pour préparer mes gâteaux et je vous le précise dans les recettes.

TECHNIQUES DE MESURES

FARINE
La farine tout usage n'est pas tamisée avant d'être mesurée. J'utilise la technique suivante pour mesurer la farine : déposez la farine dans une tasse à mesurer à bord droit à l'aide d'une cuillère. Remplissez-la comble puis égalisez-la avec un couteau. Évitez de plonger la tasse directement dans le sac de farine ou encore de la secouer ou de la taper au risque d'ajouter jusqu'à 30 à 45 ml (2 à 3 c. à soupe) de plus de farine ! De quoi alourdir n'importe quelle recette.

CASSONADE
La cassonade est mesurée en pressant légèrement.

LIQUIDES
Les liquides sont mesurés dans des tasses à mesurer du genre « Pyrex » avec un bec verseur.

petit matin
en famille

Brunchs et petits déjeuners

Mes filles adorent manger des œufs dans des coquetiers. Selon elles, c'est plus amusant que de manger des œufs brouillés. Pour rendre la chose encore plus excitante, j'ajoute de la fleur de sel sur le jaune coulant de nos œufs et on y trempe des bâtonnets de pain garnis de fromage et de bacon. Voilà des mouillettes pas banales.

Œufs mouillettes revisités

TEMPS DE PRÉPARATION
10 MINUTES

TEMPS DE CUISSON
10 MINUTES

PORTIONS
4

8 tranches de bacon, hachées finement
125 ml (1/2 tasse) de cheddar fort, râpé
10 ml (2 c. à thé) de ciboulette fraîche, ciselée
Poivre du moulin
4 tranches de pain de campagne blanc, la croûte enlevée
4 œufs

Placer la grille dans le haut du four. Préchauffer le gril (*broil*).

Dans une poêle, cuire le bacon jusqu'à ce qu'il soit croustillant. Égoutter sur du papier absorbant.

Dans un bol, mélanger le bacon, le fromage, la ciboulette et le poivre. Faire griller le pain. Étendre le mélange de bacon sur le pain grillé. Réserver.

Déposer délicatement les œufs dans une casserole d'eau bouillante. Laisser bouillir les œufs pendant environ 4 minutes pour obtenir des œufs mollets (dont le blanc sera ferme et le jaune encore moelleux).

Entre-temps, faire dorer les tranches de pain garnies de fromage et de bacon au four, sous le gril (*broil*), jusqu'à ce que le fromage soit fondu.

Tailler chaque tranche de pain en 4 languettes, qui serviront de mouillettes pour les œufs.

Placer les œufs dans des coquetiers et en couper le bout à l'aide d'un couteau ou d'un coupe-œuf. Servir accompagné des mouillettes, que chaque convive pourra tremper dans le jaune d'œuf.

Par un beau dimanche midi, je suis invité chez mon ami Jean-Paul et sa femme Sylvie. Au menu : des galettes de pommes de terre râpées, mieux connues sous le nom de rösti. On en a mangé des tonnes ! Jean-Paul est Alsacien et cuisine, ma foi, très bien. Il prend fréquemment un malin plaisir à critiquer mes recettes d'origine européenne, ce qui permet à sa femme de prendre ma défense. Voici ma version de ce plat d'origine suisse. J'attends tes commentaires, Jean-Paul !

Röstis à la truite fumée
et à la crème sure parfumée à la lime

TEMPS DE PRÉPARATION
15 MINUTES

TEMPS DE CUISSON
40 MINUTES

PORTIONS
4

3 panais, pelés et râpés
2 pommes de terre, pelées et râpées
90 ml (6 c. à soupe) de beurre
75 ml (1/3 tasse) de crème sure
Le jus de 1/2 lime
30 ml (2 c. à soupe) de ciboulette
 fraîche, ciselée
Tabasco, au goût
Sel et poivre
125 g (1/4 lb) de truite fumée ou autre
 poisson fumé, tranché finement
Ciboulette, pour décorer

Dans un bol, mélanger les légumes râpés ; on doit avoir en tout 1 litre (4 tasses) de légumes. Saler et poivrer.

Partager les légumes en 4 parts. Dans une poêle antiadhésive, faire fondre la moitié du beurre à feu moyen-doux. Ajouter 2 des 4 parts de légumes dans la poêle, en les disposant en cercles d'environ 12 cm (5 po) de diamètre. Faire dorer pendant 10 minutes. Bien aplatir à l'aide d'une spatule. Retourner délicatement et faire dorer à nouveau pendant 10 minutes.

Réserver au chaud. Répéter avec le reste des légumes et du beurre.

Dans un bol, mélanger la crème sure, le jus de lime, la ciboulette et le tabasco. Saler et poivrer.

Sur chaque rösti, déposer un peu du mélange de crème sure parfumée et quelques tranches de poisson fumé. Décorer de ciboulette. Poivrer et servir.

Un plat tout indiqué pour le brunch.

UN PEU DE VIN ?
Accompagnez les röstis
d'un beau vin blanc,
comme un Bordeaux
ou un Graves.

Pain aux bananes

500 ml (2 tasses) de farine à pâtisserie
10 ml (2 c. à thé) de poudre à pâte
125 ml (1/2 tasse) de beurre non salé,
*   ramolli*
250 ml (1 tasse) de cassonade,
*   légèrement tassée*
2 œufs, battus
5 ml (1 c. à thé) d'extrait de vanille
310 ml (1 1/4 tasse) de bananes
*   (environ 3), réduites en purée*
125 ml (1/2 tasse) de lait

Placer la grille au centre du four. Préchauffer le four à 180 °C (350 °F). Beurrer un moule à pain de 23 x 13 cm (9 x 5 po).

Dans un bol, mélanger la farine et la poudre à pâte. Réserver.

Dans un autre bol, fouetter le beurre et la cassonade pendant environ 1 minute, jusqu'à ce que le mélange pâlisse.

Ajouter les œufs et la vanille, puis fouetter jusqu'à ce que le mélange soit homogène. Ajouter la purée de bananes et battre à l'aide d'une cuillère de bois. Ajouter les ingrédients secs et le lait, en alternant.

Étaler la pâte dans le moule. Cuire au four pendant environ 1 heure ou jusqu'à ce qu'un cure-dent inséré au centre en ressorte propre.

Laisser tiédir avant de démouler et de trancher.

Pour un pain aux noix et aux bananes, ajoutez 250 ml (1 tasse) de noix hachées à la recette. Incorporez-les à la pâte en même temps que les bananes en purée.

Gaufres et sauce
aux pommes à la cannelle

TEMPS DE PRÉPARATION
30 MINUTES

TEMPS DE CUISSON
25 MINUTES

PORTIONS
4

Sauce aux pommes à la cannelle

45 ml (3 c. à soupe) de beurre
3 pommes McIntosh, pelées, parées et tranchées
3 pommes Cortland, pelées, parées et tranchées
60 ml (1/4 tasse) de sucre
5 ml (1 c. à thé) de cannelle moulue
15 ml (1 c. à soupe) de fécule de maïs
250 ml (1 tasse) de jus de pomme

Gaufres

500 ml (2 tasses) de farine à pâtisserie
10 ml (2 c. à thé) de poudre à pâte
60 ml (1/4 tasse) de sucre
310 ml (1 1/4 tasse) de lait
5 ml (1 c. à thé) d'extrait de vanille
3 œufs, séparés
60 ml (1/4 tasse) de beurre non salé, fondu et tiédi

Sauce aux pommes à la cannelle

Dans une casserole, faire fondre le beurre. Ajouter les pommes et sauter pendant 2 minutes, à feu élevé. Ajouter le sucre et la cannelle.

Cuire à feu moyen pendant environ 10 minutes.

Délayer la fécule de maïs dans le jus de pomme. Verser sur les pommes et mélanger jusqu'à ébullition. Réserver.

Gaufres

Dans un bol, mélanger la farine, la poudre à pâte et le sucre.

Dans un autre bol, mélanger le lait, la vanille et les jaunes d'œufs.

Dans un bol, fouetter les blancs d'œufs jusqu'à l'obtention de pics fermes. Réserver.

À l'aide d'une cuillère de bois, ajouter le mélange de lait aux ingrédients secs. Incorporer délicatement les blancs d'œufs, en pliant, puis le beurre.

Verser une partie de la pâte dans un gaufrier. Cuire pendant environ 6 minutes ou jusqu'à ce que les gaufres soient bien dorées.

Napper de sauce aux pommes et servir.

Chaque fois que j'entrais au centre commercial, j'étais attiré par l'odeur des brioches à la cannelle. Un peu comme Obélix qui suivait le fumet du sanglier, mon nez finissait toujours par m'amener devant le comptoir de brioches aux pacanes encore chaudes… et je succombais ! C'est donc pour pouvoir profiter de ce petit bonheur à la maison que j'ai conçu cette recette.

Brioches
aux pacanes et au caramel

TEMPS DE PRÉPARATION
20 MINUTES

TEMPS DE LEVÉE
2 H 15

TEMPS DE CUISSON
25 MINUTES

RENDEMENT
18 BRIOCHES

1 litre + 30 ml (4 tasses + 2 c. à soupe) de farine
10 ml (2 c. à thé) de levure instantanée ou 1 sachet
30 ml (2 c. à soupe) de sucre
5 ml (1 c. à thé) de sel
125 ml (1/2 tasse) de beurre non salé, ramolli
2 œufs
310 ml (1 1/4 tasse) de lait, tiède

Garniture
15 ml (1 c. à soupe) de beurre fondu
125 ml (1/2 tasse) de cassonade
5 ml (1 c. à thé) de cannelle moulue

Glaçage
60 ml (1/4 tasse) de beurre
60 ml (1/4 tasse) de sirop de maïs
125 ml (1/2 tasse) de cassonade
30 ml (2 c. à soupe) d'eau
250 ml (1 tasse) de pacanes entières, grillées

Dans un bol, mélanger les ingrédients secs. Ajouter le beurre, les œufs et le lait. Mélanger et pétrir jusqu'à l'obtention d'une boule. Pétrir la pâte 5 minutes avec les mains ou avec le crochet à pâtisserie du batteur électrique. Déposer dans un grand bol huilé. Couvrir d'un linge propre. Laisser lever dans un endroit tiède (un micro-ondes dans lequel on place un verre d'eau chaude, par exemple) pendant 45 minutes.

Garniture
Fariner un plan de travail et la pâte. Abaisser la pâte au rouleau pour obtenir un rectangle de 50 x 35 cm (20 x 14 po). Badigeonner de beurre fondu.

Dans un bol, mélanger la cassonade et la cannelle, en saupoudrer la pâte. Rouler la pâte fermement, comme un gâteau roulé, pour obtenir un rouleau de 50 cm (20 po) de long.

Couper le rouleau en 18 tranches. Déposer les tranches dans un moule en pyrex beurré de 38 x 25 cm (15 x 10 po), sans qu'elles se touchent. Couvrir d'un linge propre. Laisser lever dans un endroit tiède pendant 1 h 30.

Placer la grille au centre du four. Préchauffer le four à 180 °C (350 °F). Cuire au four environ 25 minutes, jusqu'à ce que les brioches soient dorées.

Glaçage
Dans une casserole, chauffer le beurre, le sirop de maïs, la cassonade et l'eau.

À la sortie du four, répartir les pacanes sur les brioches. Verser également le caramel chaud sur les brioches et les badigeonner avec un pinceau au besoin. Laisser tiédir.

Ah ! les vacances ! Lorsque j'étais enfant, nous sommes allés plusieurs années au même endroit, à Naples, dans l'état du Maine. Toujours le même monde : mes parents, ma sœur et ma grand-mère. C'est là, dans le petit *Coffee Shop* du village que j'ai découvert mes premières *pancakes* américaines aux bleuets. Pour moi, cette grosse pile de crêpes commandée en anglais par mon père était fantastique.

Crêpes américaines
[*pancakes*] aux bleuets

TEMPS DE PRÉPARATION
10 MINUTES

TEMPS DE CUISSON
45 MINUTES

RENDEMENT
12 CRÊPES

500 ml (2 tasses) de farine
10 ml (2 c. à thé) de poudre à pâte
60 ml (1/4 tasse) de sucre
2 œufs
500 ml (2 tasses) de lait
5 ml (1 c. à thé) d'extrait de vanille
310 ml (1 1/4 tasse) de bleuets frais
    ou décongelés
Beurre
Sirop d'érable, pour servir

Dans un bol, mélanger la farine et la poudre à pâte. Ajouter le reste des ingrédients, à l'exception des bleuets. Fouetter jusqu'à ce que le mélange soit homogène.

Si les bleuets sont frais, les ajouter délicatement à la pâte. S'ils sont décongelés, les ajouter dans la poêle lorsqu'on fera cuire les crêpes.

Dans une poêle antiadhésive, faire fondre un peu de beurre. Y verser environ 60 ml (1/4 tasse) de pâte et l'étendre en remuant la poêle pour obtenir une crêpe d'environ 15 cm (6 po) de diamètre. Déposer environ 15 ml (1 c. à soupe) de bleuets décongelés sur chaque crêpe, s'il y a lieu.

Cuire les crêpes environ 2 minutes de chaque côté. Les réserver au chaud au fur et à mesure.

Arroser de sirop d'érable et servir.

Le pain doré est un incontournable du déjeuner. Un jour, je cherchais une idée pour donner un coup de fouet à ce plat mythique. Notre photographe, Christian Lacroix, s'est souvenu d'une version croustillante goûtée en Californie. En enrobant le pain doré de muesli, ce classique de nos week-ends prend une nouvelle dimension. Christian, il y a un peu de toi dans cette recette.

Pain doré croustillant
et crème anglaise

TEMPS DE PRÉPARATION
15 MINUTES

TEMPS DE CUISSON
30 MINUTES

PORTIONS
4

Crème anglaise

6 jaunes d'œufs
125 ml (1/2 tasse) de sucre
625 ml (2 1/2 tasses) de lait, chaud
1/2 gousse de vanille, fendue
 en deux, ou 5 ml (1 c. à thé)
 d'extrait de vanille

Pain doré

3 œufs, battus
500 ml (2 tasses) de lait
125 ml (1/2 tasse) de sirop d'érable
875 ml (3 1/2 tasses) de muesli
 sans raisins
75 ml (1/3 tasse) de beurre
 non salé
8 tranches de pain de ménage
Fruits frais, pour garnir

Crème anglaise

Dans la partie supérieure d'un bain-marie, hors du feu, fouetter les jaunes d'œufs et le sucre jusqu'à ce que le mélange pâlisse. Ajouter le lait. Avec la pointe d'un couteau, gratter l'intérieur de la gousse de vanille. Ajouter les graines et la gousse à la préparation À défaut, ajouter l'extrait de vanille.

Au-dessus d'une casserole d'eau frémissante (l'eau ne doit pas toucher à la casserole du dessus), cuire le mélange pendant environ 10 minutes, en remuant constamment à l'aide d'une cuillère de bois, jusqu'à ce qu'il nappe aisément le dos de la cuillère. Retirer du bain-marie et laisser tiédir. Retirer la gousse de vanille. Couvrir la surface de la crème anglaise d'une pellicule de plastique. Réfrigérer.

Pain doré

Dans un bol, fouetter les œufs, le lait et le sirop d'érable. Broyer le muesli au robot culinaire ou le placer dans un sac et l'écraser avec un rouleau à pâte.

Dans une poêle, chauffer le beurre. Plonger les tranches de pain dans le mélange d'œufs pour bien les imbiber, puis enrober de muesli. Dans la poêle, dorer le pain des deux côtés. Au moment de servir, napper de crème anglaise froide ou de sirop d'érable et garnir de fruits frais.

Crêpes farcies à la ricotta
sauce à l'orange

TEMPS DE PRÉPARATION
40 MINUTES

TEMPS DE CUISSON
20 MINUTES

PORTIONS
8

Crêpes

1 œuf
30 ml (2 c. à soupe) de sucre
5 ml (1 c. à thé) d'extrait de vanille
250 ml (1 tasse) de farine
375 ml (1 1/2 tasse) de lait
Beurre

Farce

1 contenant de fromage ricotta de
*   475 g (500 ml/2 tasses)*
60 ml (1/4 tasse) de sucre
5 ml (1 c. à thé) d'extrait de vanille
Le zeste râpé d'une orange
125 ml (1/2 tasse) de crème fouettée
*   (facultatif)*

Sauce à l'orange

3 oranges navel
30 ml (2 c. à soupe) de fécule de maïs
250 ml (1 tasse) de jus d'orange
30 ml (2 c. à soupe) de sucre
90 ml (6 c. à soupe) de Grand Marnier
*   ou autre liqueur d'orange*

Crêpes

Dans un bol, fouetter l'œuf, le sucre et la vanille. Ajouter la farine et le lait, en alternant et en fouettant jusqu'à ce que le mélange soit lisse et homogène.

Beurrer légèrement une poêle antiadhésive. Cuire les crêpes dans la poêle chaude en les faisant dorer des deux côtés. Les empiler dans une assiette et couvrir d'une pellicule de plastique.

Farce

Dans un bol, mélanger le fromage, le sucre, la vanille et le zeste d'orange. Incorporer la crème fouettée, si désiré. Farcir les crêpes de ce mélange. Réserver.

Sauce à l'orange

Peler les oranges à vif (voir note ci-dessous). Dans un bol, délayer la fécule de maïs dans le jus. Dans une casserole, faire fondre le sucre jusqu'à ce qu'il prenne une légère teinte dorée. Déglacer avec la liqueur d'orange ; la préparation durcira. Ajouter le mélange de jus et de fécule de maïs. Cuire doucement, en fouettant, jusqu'à ce que la sauce épaississe. Ajouter les suprêmes d'orange et remuer doucement pour réchauffer.

Napper les crêpes tièdes ou froides de sauce chaude. Servir aussitôt.

Pour peler une orange à vif, coupez le fruit aux deux extrémités et placez-le sur une planche à découper. À l'aide d'un couteau bien aiguisé, retirez-en l'écorce en coupant le plus près possible de la chair. Glissez ensuite la lame du couteau de part et d'autre de chaque quartier, pour lever les suprêmes. Travaillez au-dessus d'un bol pour récupérer le jus du fruit.

Œufs bénédicte

TEMPS DE PRÉPARATION
15 MINUTES

TEMPS DE CUISSON
20 MINUTES

PORTIONS
2 À 4

Sauce hollandaise

2 jaunes d'œufs

*30 ml (2 c. à soupe) de jus de citron
    ou de jus de clémentine*

*125 ml (1/2 tasse) de beurre froid,
    coupé en cubes*

Sel et poivre

Œufs

10 ml (2 c. à thé) de vinaigre blanc

2 à 4 œufs

1 à 2 muffins anglais

*2 à 4 belles tranches de jambon de la
    Forêt Noire, à température
    ambiante*

Sauce hollandaise

Dans la partie supérieure du bain-marie, hors du feu, fouetter les jaunes d'œufs et le jus de citron. Déposer au-dessus de l'eau frémissante et non bouillante.

Fouetter jusqu'à ce que la préparation soit chaude et mousseuse. Ajouter le beurre, un cube à la fois. Fouetter entre chaque addition jusqu'à ce que le beurre soit fondu. La texture de la sauce épaissira progressivement. Rectifier l'assaisonnement. Réserver la sauce au-dessus de l'eau tiède pendant la cuisson des œufs pochés.

Œufs

Dans une grande casserole, faire frémir de l'eau avec le vinaigre. Casser les œufs sur des soucoupes. Glisser deux œufs à la fois dans l'eau et laisser pocher environ 3 minutes, ou jusqu'à la cuisson désirée. Normalement, les jaunes devraient être coulants. Déposer les œufs pochés sur un papier absorbant. Répéter l'opération avec les autres œufs.

Pendant la cuisson des œufs, couper les muffins anglais en deux et les griller. Y déposer une tranche de jambon, puis un œuf. Au besoin, maintenir au chaud dans un four préchauffé à 75 °C (150 °F) pendant quelques minutes.

Au moment de servir, napper de sauce hollandaise.

Chocolat chaud
et guimauve maison

TEMPS DE PRÉPARATION
30 MINUTES

TEMPS D'ATTENTE
1 NUIT

TEMPS DE CUISSON
10 MINUTES

PORTIONS
4

Chocolat chaud

1 litre (4 tasses) de lait
5 ml (1 c. à thé) d'extrait de vanille
180 g (6 oz) de bon chocolat
*   mi-sucré ou au lait, haché*

Guimauve maison

Huile de canola ou de maïs
375 ml (1 1/2 tasse) de sucre
75 ml (1/3 tasse) d'eau chaude
5 ml (1 c. à thé) d'extrait de vanille
25 ml (5 c. à thé) de gélatine
125 ml (1/2 tasse) d'eau froide
45 ml (3 c. à soupe) de sucre à glacer
15 ml (1 c. à soupe) de fécule de maïs

Chocolat chaud

Dans une casserole, chauffer le lait et la vanille. Ajouter le chocolat, remuer pour le faire fondre, puis fouetter avant de servir. Garnir de guimauve.

Guimauve maison

Tapisser de pellicule de plastique un moule d'environ 33 x 23 cm (13 x 9 po) et bien le huiler avec les mains. Il est important de huiler entièrement le moule.

Dans un bol, mélanger le sucre et l'eau. Ajouter la vanille. Dans un autre bol, faire gonfler la gélatine dans l'eau froide de 2 à 3 minutes, puis la faire dissoudre complètement au micro-ondes ou au bain-marie. L'ajouter au mélange de sucre.

Battre au batteur électrique environ 10 minutes ou jusqu'à ce que le mélange ait la texture d'une meringue molle. Étaler dans le moule et laisser prendre toute une nuit à la température ambiante.

Couper la guimauve en cubes et la rouler dans le mélange de sucre à glacer et de fécule de maïs.

entrée
en matière

Entrées, soupes et amuse-gueule

SAVEURS TEINTÉES D'UN SOLEIL ENVELOPPANT. GOÛT PÉTILLANT ET ENLEVANT. VOICI TROIS COCKTAILS QUI VOUS VAUDRONT TOUS LES SOURIRES...

Cocktails du week-end

Sunny girl

Glaçons
15 ml (1 c. à soupe) de Campari
15 ml (1 c. à soupe) de rhum brun
125 ml (1/2 tasse) de jus d'orange-tangerine, environ
Tranche d'orange, pour garnir

Verser tous les ingrédients sur les glaçons, dans un verre *highball*. Décorer d'une tranche d'orange. Servir.

Limonade cubaine

30 ml (2 c. à soupe) de rhum blanc
15 ml (1 c. à soupe) de schnaps aux pêches
125 ml (1/2 tasse) de limonade, environ
Glace concassée

Verser tous les ingrédients dans un verre *highball* ; terminer avec la glace. Mélanger et servir.

Blush

60 ml (1/4 tasse) de vin blanc
60 ml (1/4 tasse) de jus de canneberge
60 ml (1/4 tasse) de jus de pomme
15 ml (1 c. à soupe) de vodka
5 ml (1 c. à thé) de Cointreau ou d'une autre liqueur d'orange
Glaçons
Petit quartier de pêche ou canneberges, pour décorer

Verser tous les ingrédients dans un verre. Mélanger et décorer du quartier de pêche ou des canneberges fraîches. Servir.

Tapas
aubergines marinées, chorizos et bouchées de melon d'eau au chèvre

Les tapas sont aux Espagnols ce que les antipasti sont aux Italiens : des bouchées ou des plats tout simples que l'on peut déguster à l'apéro ou en entrée et qui peuvent même composer un buffet ou tout un repas. La fin de semaine, j'aime servir des tapas pour recevoir des amis, sans chichi. Parmi les tapas classiques, il y a les chorizos piquants, les fromages de chèvre à l'huile d'olive, les olives, les palourdes et autres fruits de mer. J'aime aussi l'idée de cuisiner des petites bouchées qui ont toujours des racines espagnoles, mais que j'ai « relookées » à la moderne. C'est le cas de mes bouchées de melon d'eau au chèvre.

Aubergines marinées

TEMPS DE PRÉPARATION
10 MINUTES

TEMPS DE CUISSON
55 MINUTES

PORTIONS
6 À 8

60 ml (1/4 tasse) d'huile d'olive
8 gousses d'ail, pelées et coupées en 2
1/2 branche de romarin frais
1 poivron jaune, coupé en 16 cubes
1 poivron rouge, coupé en 16 cubes
Sel et poivre
4 petites aubergines italiennes
     de 175 g (6 oz) chacune
180 ml (3/4 tasse) de vinaigre
     balsamique
1,5 litre (6 tasses) d'eau
2 branches de thym frais
3 feuilles de laurier

Dans une petite casserole, chauffer l'huile. Ajouter l'ail et le romarin. Cuire à feu doux pendant environ 10 minutes. Ajouter les poivrons et poursuivre la cuisson pendant 5 minutes. Saler et poivrer. Passer au tamis. Conserver les poivrons, l'huile et l'ail.

Dans une casserole, déposer les aubergines entières. Ajouter les poivrons et l'ail réservés, le vinaigre balsamique, l'eau, le thym et les feuilles de laurier. Saler et poivrer. Porter à ébullition, réduire le feu et laisser mijoter pendant 40 minutes. Passer au tamis. Jeter le liquide, les branches de thym, l'ail et les feuilles de laurier. Laisser tiédir.

Couper les aubergines en 2 dans le sens de la longueur, puis en morceaux de grosseur moyenne. Placer les aubergines et les poivrons dans un bol. Arroser de l'huile réservée. Saler et poivrer. Laisser refroidir. Servir en amuse-gueule, à la température ambiante. Conserver au réfrigérateur.

Chorizos

TEMPS DE PRÉPARATION
5 MINUTES

TEMPS DE CUISSON
10 MINUTES

PORTIONS
4 À 6

15 ml (1 c. à soupe) d'huile d'olive
454 g (1 lb) de chorizos (saucisses
portugaises), coupées en tranches
de 1 cm (1/2 po)
5 ml (1 c. à thé) de graines de fenouil
125 ml (1/2 tasse) de vin blanc

Dans une poêle, chauffer l'huile. Ajouter les saucisses et les faire dorer environ 2 minutes de chaque côté, à feu moyen. Ajouter le fenouil et déglacer avec le vin.

Laisser mijoter doucement jusqu'à évaporation du liquide. Servir les saucisses tièdes, avec des cure-dents.

Bouchées de melon d'eau au chèvre

TEMPS DE PRÉPARATION
15 MINUTES

TEMPS DE CUISSON
10 MINUTES

RENDEMENT
30 BOUCHÉES

30 ml (2 c. à soupe) d'huile d'olive
3 gousses d'ail, pelées et coupées en 2
3 tranches de bacon, hachées finement
1 bûchette de 100 g (3 1/3 oz) de fromage
de chèvre non affiné à pâte molle,
émiettée
30 ml (2 c. à soupe) de cerfeuil frais,
ciselé
30 cubes de melon d'eau de 1,5 cm
(1/2 po) de largeur par 2,5 cm (1 po)
de hauteur
Poivre
Feuilles de cerfeuil, pour décorer

Dans une poêle, chauffer l'huile. Ajouter l'ail et cuire environ 5 minutes. Réserver l'huile et jeter l'ail.

Dans une autre poêle, cuire le bacon jusqu'à ce qu'il soit croustillant. Égoutter sur du papier absorbant. Réserver.

Dans un bol, mélanger le fromage de chèvre émietté, l'huile parfumée à l'ail, le bacon et le cerfeuil. Poivrer.

Sur chaque cube de melon, déposer environ 5 ml (1 c. à thé) de garniture au fromage et au bacon. Décorer d'une feuille de cerfeuil et servir.

ON BOIT QUOI ?

Avec des tapas, on boit du xérès, bien sûr ! Le sommelier Alain Bélanger suggère un xérès Fino ou un Montilla-Morilles Fino pour donner une touche authentiquement espagnole.

On prête aux tapas plusieurs origines différentes. L'une d'elles, qui m'amuse beaucoup, veut qu'en Andalousie, les gens prenaient leur repas dehors, et l'accompagnaient de xérès, dont le parfum attire les insectes. Pour protéger le contenu de leurs verres, ils eurent la brillante idée d'y poser un petit couvercle qui faisait penser à une petite assiette et qui portait le nom de tapa. Dans les restaurants, les serveurs en vinrent à déposer quelques olives, un morceau de saucisse ou d'autres bouchées apéritives sur le tapa, ce qui valut leur nom aux célèbres petits hors-d'œuvre.

Bouchées de phyllo
aux épinards

TEMPS DE PRÉPARATION
15 MINUTES

TEMPS DE CUISSON
10 MINUTES

RENDEMENT
12 BOUCHÉES

1 oignon vert, haché finement

3 gousses d'ail, hachées

30 ml (2 c. à soupe) d'huile d'olive

200 g (7 oz) de bœuf haché maigre

2,5 ml (1/2 c. à thé) d'origan séché

Sel et poivre

500 ml (2 tasses) d'épinards frais, hachés

90 ml (6 c. à soupe) de fromage feta, émietté

1 œuf

6 feuilles de pâte phyllo

60 ml (1/4 tasse) de beurre fondu

Placer la grille au centre du four. Préchauffer le four à 180 °C (350 °F). Tapisser une plaque de cuisson de papier parchemin.

Dans une casserole, attendrir l'oignon et l'ail dans l'huile. Ajouter le bœuf haché, l'origan et cuire à feu élevé. À l'aide d'une cuillère de bois, défaire la viande jusqu'à cuisson complète. Saler et poivrer.

Ajouter les épinards et les faire tomber. Retirer du feu et laisser tiédir. Ajouter le fromage et l'œuf. Bien mélanger et rectifier l'assaisonnement.

Sur un plan de travail, beurrer une première feuille de pâte phyllo. Couvrir de deux autres feuilles de pâte phyllo badigeonnées de beurre fondu. Couper en 12 carrés. Déposer 15 ml (1 c. à soupe) du mélange de bœuf haché au centre de chaque carré. Replier les deux coins perpendiculaires à la farce vers le centre. Replier les deux autres coins puis rouler pour former un petit cylindre. Badigeonner de beurre.

Placer les bouchées sur la plaque. Cuire au four pendant environ 10 minutes. Servir en amuse-gueule.

ET POUR LE VIN ?

Accompagnez ces bouchées d'un vin rouge grec pas trop corsé.

Je dois me confesser. Je suis aussi sportif qu'un écureuil, et la comparaison est peut-être même exagérée. J'ai bien attrapé quelques retours de bottés au collège, mais l'objectif était purement gastronomique. Épuisé et courbaturé, la récompense en valait la peine. La bière froide, les *nachos*, les ailes de poulet, les courgettes frites et les pelures de pommes de terre avaient de quoi me ramener à la vie. Les soirs de week-end, devant un match de hockey, le *Super Bowl* ou un bon film, le pouf devient le nec plus ultra pour consommer cette « fine cuisine ». Je vous propose deux recettes pour donner des airs de « Cage aux sports » à votre salon : des « frites » de mozzarella et des ailes de poulet à la cajun.

« Frites » de mozzarella

TEMPS DE PRÉPARATION
10 MINUTES

TEMPS DE CUISSON
5 MINUTES

PORTIONS
4

125 ml (1/2 tasse) de farine
125 ml (1/2 tasse) de chapelure
    à l'italienne
1 œuf
250 g (1/2 lb) de mozzarella, coupée en
    bâtonnets de 1 x 7,5 cm (1/2 x 3 po)
30 ml (2 c. à soupe) d'huile d'olive

Déposer la farine dans une assiette et, dans une autre, la chapelure.

Dans un bol, battre l'œuf.

Fariner les bâtonnets de fromage. Les tremper dans l'œuf, puis les enrober de chapelure. Si désiré, mettre les bâtonnets au congélateur 30 minutes pour faciliter la manipulation pendant la cuisson.

Dans une grande poêle, dorer les bâtonnets dans l'huile.

Servir chaud ou tiède.

Ailes de poulet à la cajun

TEMPS DE PRÉPARATION
15 MINUTES

TEMPS DE MACÉRATION
2 À 24 HEURES

TEMPS DE CUISSON
45 MINUTES

RENDEMENT
48 AILES

24 ailes de poulet
180 ml (3/4 tasse) de ketchup
30 ml (2 c. à soupe) de cassonade
30 ml (2 c. à soupe) de poudre de chili
5 ml (1 c. à thé) de cumin moulu
10 ml (2 c. à thé) de thym séché
10 ml (2 c. à thé) de sel d'ail
7,5 ml (1 1/2 c. à thé) de tabasco,
    ou au goût

Placer la grille dans le bas du four. Préchauffer le four à 190 °C (375 °F).

En préparant les ailes, vous remarquerez qu'elles ont deux jointures. À l'aide d'un couteau du chef, couper les deux articulations (vous obtiendrez trois morceaux pour chaque aile). Jeter le bout pointu où il n'y a pas de viande. Vous aurez 48 morceaux.

Dans un bol, mélanger le reste des ingrédients. Ajouter le poulet et laisser macérer de 2 à 24 heures au réfrigérateur.

Tapisser une plaque de papier parchemin. Y déposer les ailes. Cuire au four environ 45 minutes.

Pétoncles grillés
sur crème fouettée au basilic

TEMPS DE PRÉPARATION
20 MINUTES

TEMPS D'ATTENTE
4 HEURES

TEMPS DE CUISSON
20 MINUTES

RENDEMENT
30 BOUCHÉES

250 ml (1 tasse) de crème 35 %
à fouetter
250 ml (1 tasse) de basilic frais, ciselé
Tabasco, au goût
30 petits pétoncles, parés
15 ml (1 c. à soupe) d'huile végétale
30 ml (2 c. à soupe) de beurre
Sel et poivre
Ciboulette fraîche
Grains de poivre rose, pour décorer

Dans une casserole, porter la crème à ébullition. Retirer du feu. Ajouter le basilic, remuer et laisser tiédir. Réfrigérer pendant 4 heures.

Passer la crème de basilic bien refroidie dans un tamis. Fouetter jusqu'à ce qu'elle forme des pics. Assaisonner de tabasco, au goût.

Dans une poêle, dorer les pétoncles dans l'huile et le beurre. Saler et poivrer.

Dans des cuillères à soupe en argent, déposer environ 10 ml (2 c. à thé) de crème fouettée, puis un pétoncle tiédi. Décorer de ciboulette et d'un grain de poivre rose.

Les pétoncles frais contiennent souvent du sable, c'est pourquoi il faut les rincer soigneusement et les éponger. N'oubliez pas de retirer le petit muscle dur qui maintient le mollusque à sa coquille.

ON BOIT QUOI ?
Un bon vin, tel une
Blanquette de Limoux

Velouté aux patates douces
aux pommes et à la girofle

TEMPS DE PRÉPARATION
15 MINUTES

TEMPS DE CUISSON
25 MINUTES

PORTIONS
6

1 blanc de poireau, haché

45 ml (3 c. à soupe) de beurre

1 pomme, pelée, épépinée et coupée en morceaux

3 patates douces moyennes, pelées et coupées en morceaux

60 ml (1/4 tasse) de vin blanc ou de bouillon de poulet

1,25 litre (5 tasses) de bouillon de poulet

0,5 ml (1/8 c. à thé) de clou de girofle moulu

Sel et poivre

Tranches de pommes, pour décorer

Dans une casserole, attendrir le poireau dans le beurre. Ajouter les morceaux de pomme et de patate douce. Déglacer au vin blanc.

Ajouter le bouillon et le clou de girofle. Couvrir et laisser mijoter jusqu'à tendreté des patates douces, soit environ 20 minutes.

Réduire en purée au mélangeur. Saler et poivrer. Servir chaud.

Décorer de tranches de pommes sautées au beurre, si désiré.

Brochettes de poulet
asiatique

TEMPS DE PRÉPARATION
15 MINUTES

TEMPS DE MACÉRATION
3 HEURES

TEMPS DE CUISSON
6 MINUTES

RENDEMENT
15 BROCHETTES

Marinade

125 ml (1/2 tasse) d'huile végétale

Le jus d'une lime

10 ml (2 c. à thé) de sauce soya

5 ml (1 c. à thé) de miel

1 gousse d'ail, hachée finement

5 ml (1 c. à thé) de gingembre frais, haché

Tabasco, au goût

Poivre

600 g (1 1/4 lb) de poitrines de poulet désossées et sans la peau, coupées en 15 lanières

15 brochettes de bois, trempées dans l'eau 30 minutes

15 ml (1 c. à soupe) de graines de sésame noires

Sauce

60 ml (1/4 tasse) de sauce soya

60 ml (1/4 tasse) de bouillon de poulet

20 ml (4 c. à thé) de miel

1 gousse d'ail, hachée finement

2,5 ml (1/2 c. à thé) de gingembre frais, haché

Marinade

Dans un bol, mélanger tous les ingrédients. Poivrer. Ajouter le poulet, couvrir et laisser mariner au réfrigérateur environ 3 heures.

Sauce

Dans un bol, mélanger tous les ingrédients. Réserver au froid.

Placer la grille dans le haut du four. Préchauffer le four à gril (broil).

Enfiler les lanières de poulet dans les brochettes. Les déposer sur une plaque de cuisson.

Cuire au four environ 6 minutes.

Parsemer de graines de sésame et servir accompagné de la sauce.

ON BOIT QUOI ?

Un pinot noir de Californie ou de l'Oregon

Blinis à la truite fumée

TEMPS DE PRÉPARATION
10 MINUTES

TEMPS D'ATTENTE
1 H 10

TEMPS DE CUISSON
20 MINUTES

RENDEMENT
ENVIRON 50 BLINIS

Blinis

250 ml (1 tasse) de lait, chaud
2,5 ml (1/2 c. à thé) de sucre
5 ml (1 c. à thé) de levure instantanée
310 ml (1 1/4 tasse) de farine
30 ml (2 c. à soupe) de crème sure
45 ml (3 c. à soupe) de beurre fondu
60 ml (1/4 tasse) de ciboulette fraîche, ciselée
1 œuf
Sel et poivre

Pour la garniture

Crème sure
Truite ou saumon fumé
Ciboulette fraîche

Dans un bol, mélanger 60 ml (1/4 tasse) de lait, le sucre et la levure. Laisser agir pendant 10 minutes à la température ambiante.

Ajouter le reste du lait et la farine. Fouetter jusqu'à ce que le mélange soit homogène. Couvrir d'un linge ou d'une pellicule de plastique.

Laisser reposer 1 heure à la température ambiante.

Dans un bol, mélanger la crème sure, le beurre, la ciboulette et l'œuf. Ajouter au mélange précédent. Saler et poivrer.

Dans une poêle légèrement beurrée, verser un peu de pâte à la fois pour former de petites crêpes d'environ 5 cm (2 po) de diamètre. Cuire ainsi toute la pâte. Si les crêpes ont été préparées à l'avance puis réfrigérées, les laisser tempérer sur le comptoir.

Déposer un peu de crème sure sur chaque blinis. Garnir de poisson fumé et de ciboulette.

Les blinis se préparent à l'avance et peuvent même être congelés. Décongelez-les une journée à l'avance, au réfrigérateur, et servez-les à la température ambiante.

ET POUR LE VIN ?
Un vin riesling canadien
ou alsacien

Il n'y a pas si longtemps, les partys d'huîtres étaient encore très en vogue auprès des entreprises. Mais voilà, rationalisation et augmentation du prix des fruits de mer ont presque fait disparaître cette joyeuse habitude. Pourtant, pour négocier un contrat, un party d'huîtres vaut bien trois parties de golf. Abraham Lincoln l'avait bien compris. Lors de festins gargantuesques, il gavait ses électeurs d'huîtres apprêtées de toutes sortes. Je ne sais pas si le vote lui était ensuite favorable, mais c'était drôlement plus agréable que les techniques partisanes d'aujourd'hui.

Cinq idées d'accompagnement
pour huîtres sur écaille

Exotique
*60 ml (1/4 tasse) de mangue coupée
    en brunoise*
*30 ml (2 c. à soupe) de vinaigre
    de vin blanc*
*15 ml (1 c. à soupe) de poivron
    rouge haché*
1 pincée de poivre frais moulu

Asiatique
45 ml (3 c. à soupe) de sauce soya
*10 ml (2 c. à thé) de gingembre frais
    râpé*
1 oignon vert, haché finement

Classique
Vinaigre de framboise
Échalote française, hachée finement

Italienne
Vinaigre balsamique
Un trait d'huile d'olive
Un tour de moulin à poivre

Ma préférée
Jus de lime
Sauce Tabasco, rouge ou verte

ET POUR LE VIN ?
Les huîtres
s'accompagnent bien
de champagne.

Pour chaque personne, prévoyez 6 huîtres en entrée et environ 2 douzaines d'huîtres en plat principal.

Dumplings grillés
et sauce saté

TEMPS DE PRÉPARATION
1 HEURE

TEMPS D'ATTENTE
15 MINUTES

TEMPS DE CUISSON
40 MINUTES

RENDEMENT
60 *DUMPLINGS*

10 g (1/3 oz) de shiitake *séchés*
4 côtelettes de porc sans os
2 oignons verts, hachés finement
2 gousses d'ail, hachées finement
60 ml (1/4 tasse) de châtaignes d'eau,
    hachées
1 carotte, pelée et râpée
15 ml (1 c. à soupe) de sauce aux huîtres
60 ml (1/4 tasse) de sauce hoisin
1 boîte de 454 g (1 lb) de pâte à
    wonton, *décongelée*
500 ml (2 tasses) de bouillon de poulet
Huile d'arachide
15 ml (1 c. à soupe) d'huile de sésame
    non grillé
90 ml (6 c. à soupe) de beurre
    d'arachide croquant
Sauce au piment, au goût
Sel et poivre

Placer les champignons dans un bol et les couvrir d'eau tiède. Laisser reposer environ 15 minutes. Égoutter. Retirer la queue puis hacher la tête des champignons. Jeter les queues et réserver les champignons hachés.

Dégraisser les côtelettes au besoin, puis les hacher en très petits morceaux.

Dans un bol, mélanger la viande, les oignons verts, l'ail, les châtaignes d'eau, la carotte, la sauce aux huîtres, la sauce hoisin et les champignons.

Déposer 10 ml (2 c. à thé) de farce au centre de chaque carré de pâte. En humecter le pourtour avec de l'eau, puis refermer pour former un rectangle. Presser les contours pour bien sceller. Farcir ainsi le reste des carrés de pâte.

Dans une casserole, porter le bouillon à ébullition. Y pocher les *dumplings*, 6 à la fois, pendant environ 2 minutes. Égoutter et réserver. Arroser d'un peu d'huile d'arachide.

Une fois tous les *dumplings* pochés, verser l'huile de sésame et le beurre d'arachide dans le bouillon fumant, en fouettant. Ajouter de la sauce au piment, au goût. Rectifier l'assaisonnement. Réserver.

Dans une poêle antiadhésive, chauffer un peu d'huile d'arachide. Y faire griller les *dumplings*, quelques-uns à la fois.

Servir en entrée, accompagné de la sauce saté.

ON BOIT QUOI ?
Cette entrée sera
excellente avec
un pinot blanc ou
un pinot gris d'Alsace.

Les *dumplings* se congèlent bien une fois pochés. Vous pouvez aussi congeler la sauce. Au moment de servir, vous n'aurez qu'à griller les *dumplings* décongelés dans la poêle et à réchauffer la sauce saté.

Un mot pour définir ce plat : cochon ! Il s'agit de l'entrée idéale lors d'un souper entre amis ou pour l'après-ski. Un verre de rouge, quelques bouts de pain, le fromage chaud et coulant, un feu de foyer et on est prêt à refaire le monde.

Brie fondant
aux canneberges

TEMPS DE PRÉPARATION
10 MINUTES

TEMPS D'ATTENTE
20 MINUTES

TEMPS DE CUISSON
20 MINUTES

PORTIONS
6

75 ml (1/3 tasse) de porto
75 ml (1/3 tasse) de canneberges
   séchées
1 oignon rouge, haché finement
30 ml (2 c. à soupe) de beurre
60 ml (1/4 tasse) de pignons, grillés
60 ml (1/4 tasse) d'olives noires,
   hachées
1 fromage d'environ 375 g (3/4 lb)
   de type brie ou camembert
15 ml (1 c. à soupe) de persil frais, ciselé

Placer la grille au centre du four. Préchauffer le four à 180 °C (350 °F).

Dans un petit bol, verser le porto sur les canneberges. Laisser reposer pendant 20 minutes.

Dans une poêle, faire revenir l'oignon dans le beurre environ 10 minutes. Déglacer avec le mélange de canneberges et de porto. Ajouter les pignons et les olives.

Déposer le fromage sur un papier d'aluminium d'environ 30 cm (12 po) carrés. Relever le papier tout autour du fromage pour éviter qu'il ne s'affaisse pendant la cuisson. Répartir la garniture sur le fromage. Déposer sur une plaque.

Cuire au four environ 10 minutes. Décorer de persil frais. Servir chaud et entier au centre de la table.

Accompagner de pain de campagne ou de biscottes.

ON BOIT QUOI ?
Un St-Joseph
ou Crozes-Hermitage
rouge

Tout le monde chez moi adore la crème de céleri. Pour faire changement, je la sers garnie de noix hachées et de fromage bleu émietté, le Ciel de Charlevoix par exemple. Si vous êtes de ceux qui désirent apprivoiser ce fromage au goût singulier, voilà une façon toute simple de l'apprêter.

Potage de céleri
aux noix et au bleu

TEMPS DE PRÉPARATION
20 MINUTES

TEMPS DE CUISSON
25 MINUTES

PORTIONS
4 À 6

1 blanc de poireau, haché
30 ml (2 c. à soupe) d'huile d'olive
10 branches de céleri, coupées
* en morceaux*
1 pomme, pelée, épépinée et coupée
* en morceaux*
60 ml (1/4 tasse) de vin blanc ou
* de bouillon de poulet*
1 litre (4 tasses) de bouillon de poulet
60 ml (1/4 tasse) de riz à grain long
250 ml (1 tasse) d'épinards, parés
125 ml (1/2 tasse) de crème sure ou
* de crème 15 % à cuisson*
Sel et poivre
60 ml (1/4 tasse) de noix de Grenoble,
* hachées finement*
60 ml (1/4 tasse) de fromage bleu
* (Bénédictin de Saint-Benoît, Ciel de*
* Charlevoix), émietté (facultatif)*

Dans une casserole, faire revenir le poireau dans l'huile à feu moyen environ 2 minutes.

Ajouter le céleri et la pomme. Déglacer avec le vin et laisser réduire 1 minute. Ajouter le bouillon et le riz.

Cuire à feu moyen environ 15 minutes à découvert. Ajouter les épinards, et poursuivre la cuisson 5 minutes.

Réduire en purée au mélangeur. Remettre dans la casserole et ajouter la crème. Mélanger et réchauffer sans laisser bouillir.

Saler et poivrer.

Au moment de servir, garnir de noix et de fromage.

Entrées de palourdes
au vin blanc, aux tomates et au fenouil

TEMPS DE PRÉPARATION
15 MINUTES

TEMPS D'ATTENTE
2 HEURES

TEMPS DE CUISSON
10 MINUTES

PORTIONS
4

32 petites palourdes dans leur coquille
3 tranches de bacon, hachées finement
15 ml (1 c. à soupe) de beurre
2 échalotes françaises, hachées
*   finement*
1 gousse d'ail, hachée finement
1 bulbe de fenouil, coupé en fines
*   tranches*
3 tomates italiennes, pelées, épépinées
*   et coupées en dés*
60 ml (1/4 tasse) de vin blanc
125 ml (1/2 tasse) de bouillon de poulet
15 ml (1 c. à soupe) de jus de citron
30 ml (2 c. à soupe) de persil plat frais,
*   ciselé*
1 oignon vert, haché
Poivre

Plonger les palourdes dans l'eau froide. Les laisser tremper pendant 2 heures, en changeant l'eau de 2 à 3 fois. Rincer, égoutter et réserver au froid.

Dans une poêle, faire revenir le bacon jusqu'à ce qu'il commence à dorer. Ajouter le beurre, les échalotes, l'ail et le fenouil. Poursuivre la cuisson pendant 3 minutes.

Ajouter les tomates, le vin, le bouillon, le jus de citron et les palourdes encore dans leur coquille. Couvrir et cuire à feu vif pendant environ 5 minutes ou jusqu'à ce que les mollusques s'ouvrent. Parsemer de persil et d'oignon vert. Poivrer et servir.

QUOI BOIRE ?

Misez sur la fraîcheur fruitée d'un bon Picpoul De Pinet pour ajouter au plaisir de cette belle entrée.

Les palourdes contiennent souvent du sable. C'est pourquoi il faut les faire tremper environ 2 heures avant de les cuire. Changez l'eau de 2 à 3 fois pendant cette période. Évitez toutefois de les laisser dans l'eau plus longtemps : cela pourrait les faire mourir et elles ne seraient plus comestibles. À défaut de palourdes, on peut faire la même recette avec des moules.

Le foie gras est un produit de luxe. C'est pourquoi je prépare cette recette surtout pour le temps des fêtes et j'invite des amis qui peuvent en apprécier la délicatesse.

Terrine de foie gras

TEMPS DE PRÉPARATION
15 MINUTES

TEMPS D'ATTENTE
ENVIRON 36 HEURES

TEMPS DE CUISSON
1 H 20

PORTIONS
8

Terrine

1 foie gras de canard cru et entier
   d'environ 600 g (1 1/4 lb)
2,5 ml (1/2 c. à thé) de sel
Poivre frais concassé
60 ml (1/4 tasse) de porto blanc

Gelée

1 sachet de gélatine
310 ml (1 1/4 tasse) de Sauternes ou
   de cidre de glace

Terrine

Laisser reposer le foie gras à la température ambiante pendant 1 heure.

Pratiquer une incision au centre du foie et l'ouvrir délicatement. Le dénerver (en retirer délicatement les vaisseaux sanguins) à l'aide d'une petite pince ou avec le bout d'un couteau. Déposer le foie gras dans un plat. Saler et poivrer des deux côtés. Arroser de porto. Couvrir d'une pellicule de plastique et réfrigérer pendant 12 heures.

Tailler un carton de mêmes dimensions que la terrine. L'envelopper de papier d'aluminium (ce carton servira lorsque l'on mettra la terrine à refroidir).

Sortir le foie gras du réfrigérateur et le laisser reposer pendant 30 minutes à la température ambiante.

Placer la grille au centre du four. Préchauffer le four à 100 °C (200 °F).

Mettre le foie gras dans une terrine de 15 x 9 cm (6 X 3 1/2 po) et couvrir de papier d'aluminium. Déposer la terrine dans un bain-marie. Ajouter suffisamment d'eau chaude pour remplir le bain-marie jusqu'à mi-hauteur de la terrine. Cuire au four pendant environ 1 h 20 ou jusqu'à ce qu'un thermomètre à viande piqué dans le papier, au centre de la terrine, indique 55 °C (130 °F).

Retirer la terrine du bain-marie. Enlever le papier et pencher la terrine très délicatement (le foie gras est très fragile) pour laisser s'écouler le surplus de gras dans un petit bol. Réserver le gras recueilli au froid et conserver pour faire rissoler des pommes de terre, pour poêler des champignons sauvages ou saisir un steak.

Placer le carton couvert de papier d'aluminium sur le foie gras. Presser et maintenir en place à l'aide de deux petites boîtes de conserve. Réfrigérer pendant 24 heures.

Démouler en faisant tremper la base de la terrine dans l'eau bouillante. Renverser et trancher. Le foie gras se conserve quelques jours au réfrigérateur, bien emballé.

Servir avec du pain brioché, de la fleur de sel et de la gelée de Sauternes ou de cidre de glace.

Gelée

Faire gonfler un sachet de gélatine dans 60 ml (1/4 tasse) de Sauternes ou de cidre de glace froid pendant 2 minutes. Dans une petite casserole, faire chauffer le reste de l'alcool puis ajouter la gélatine. Remuer pour bien faire fondre puis verser dans un moule carré de 20 cm (8 po). Laisser prendre au réfrigérateur pendant environ 2 heures. À l'aide d'un couteau, découper des petits cubes de gelée dans le moule. Les décoller avec une spatule. Disposer autour de la tranche de foie gras.

ON BOIT QUOI ?

Traditionnellement, le foie gras se sert avec du Sauternes. Il sera aussi délicieux avec un pinot gris d'Alsace.

Crostini aux figues
et au gorgonzola

TEMPS DE PRÉPARATION
15 MINUTES

TEMPS DE CUISSON
10 MINUTES

PORTIONS
8

8 oignons verts, hachés finement
2 gousses d'ail, hachées
30 ml (2 c. à soupe) d'huile d'olive
30 ml (2 c. à soupe) de vinaigre
*   balsamique*
1 baguette de pain
4 grosses figues fraîches, tranchées
45 ml (3 c. à soupe) de noix de
*   Grenoble, hachées*
150 g (5 oz) de gorgonzola, coupé en
*   petits morceaux*
Huile d'olive
Poivre

Placer la grille dans le haut du four. Préchauffer le four à gril (*broil*).

Dans une poêle, attendrir les oignons verts et l'ail dans l'huile. Ajouter le vinaigre balsamique et laisser réduire. Réserver.

Trancher la baguette à l'horizontale. En retirer les deux extrémités, puis la couper en 8 morceaux d'environ 10 cm (4 po) de longueur.

Répartir le mélange d'oignons sur le pain, puis les figues. Parsemer de noix, puis de fromage.

Verser un filet d'huile sur les *crostini*. Griller au four pendant quelques minutes. Poivrer. Servir chaud, en amuse-gueule ou en entrée.

QUOI BOIRE ?
Une bière brune, riche
et onctueuse

À défaut de figues fraîches, on peut utiliser des tranches de poires fraîches.

J'ai toujours aimé les matins frais et légèrement brumeux d'automne alors que le café au lait se boit encore sur la terrasse. La saison des champignons tire à sa fin, soit, mais que de bons bouillons, de petits plats mijotés et de tartes fumantes en perspective. Cette brume matinale, c'est le coup d'envoi d'une autre journée où plaisir, envie et gourmandise transformeront ma cuisine en un repère de gloutons. L'automne, c'est le meilleur des deux mondes. La terre est gorgée de la chaleur estivale ; au soleil, la glace aux pistaches est encore la plus douce des maîtresses alors qu'à la brunante, on peut se réchauffer avec une soupe à l'oignon. Attention, pas n'importe laquelle ! Oignons rouges, bière artisanale québécoise et cheddar Perron.

Soupe à l'oignon
à la bière et au cheddar Perron

TEMPS DE PRÉPARATION
20 MINUTES

TEMPS DE CUISSON
25 MINUTES

PORTIONS
4

60 ml (1/4 tasse) de beurre
8 oignons rouges, tranchés
2 gousses d'ail, hachées finement
1 bouteille de bière de 341 ml de
    microbrasserie québécoise
    (blonde ou rousse)
750 ml (3 tasses) de bouillon de bœuf
1 branche de thym frais ou 2,5 ml
    (1/2 c. à thé) de thym séché
1 feuille de laurier
1 baie de genièvre, broyée (facultatif)
15 ml (1 c. à soupe) de pâte de tomate
4 tranches de pain grillé,
    de même diamètre que les bols
250 ml (1 tasse) de cheddar Perron
    fort, râpé (ou autre cheddar vieilli)
Sel et poivre

Placer la grille dans le haut du four. Préchauffer le four à gril (broil).

Dans une casserole, faire fondre le beurre. Ajouter les oignons et attendrir à feu moyen de 10 à 15 minutes, jusqu'à ce qu'ils commencent à caraméliser. Ajouter l'ail et poursuivre la cuisson pendant 1 minute.

Ajouter la bière, le bouillon, le thym, la feuille de laurier, la baie de genièvre et la pâte de tomate. Bien remuer. Porter à ébullition, couvrir et laisser mijoter doucement pendant 15 minutes. Rectifier l'assaisonnement. Retirer la feuille de laurier.

Répartir la soupe dans des bols allant au four. Couvrir d'un morceau de pain grillé et parsemer de fromage. Gratiner au four et servir.

svp venir
accompagné

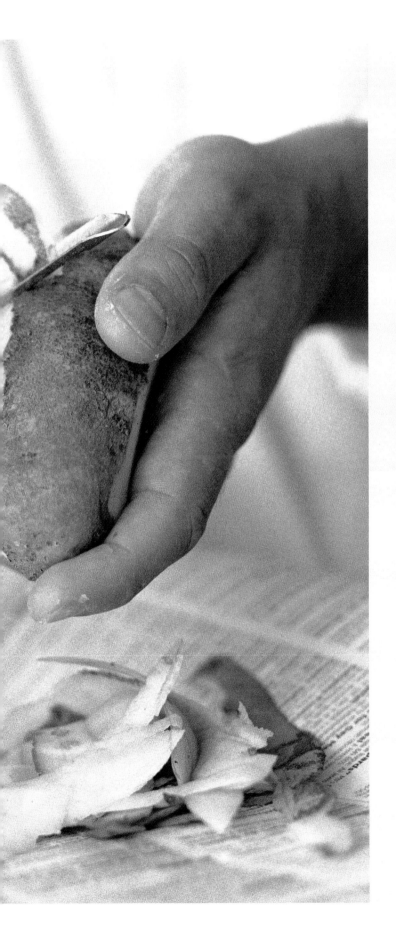

Salades et légumes d'accompagnement

Un été, au grand plaisir de mes enfants, mes beaux-parents ont habité chez nous le temps d'effectuer quelques réparations dans leur maison. Mon beau-père n'a eu qu'un seul commentaire à son départ : « Maudit que ça ne mange pas de patate, ce monde-là ! » Ce qui est faux. Nous mangeons parfois des patates bleues de Charlevoix ! Le pauvre Jules a raison. Le riz, les pâtes et le couscous ont pris une importance considérable dans notre assiette. Les repas de mon enfance où les pommes de terre étaient toujours présentes sont bien révolus. Ces recettes sont pour toi, mon Jules.

Pommes de terre au cheddar

TEMPS DE PRÉPARATION
15 MINUTES

TEMPS DE CUISSON
50 MINUTES

PORTIONS
8

8 pommes de terre
75 ml (1/3 tasse) d'huile d'olive
60 ml (1/4 tasse) de ciboulette fraîche, ciselée
250 ml (1 tasse) de cheddar fort, râpé
60 ml (1/4 tasse) de chapelure
Sel et poivre rose

Placer la grille au centre du four. Préchauffer le four à 190 °C (375 °F).

Peler les pommes de terre et les couper en deux sur la longueur. Déposer les demi-pommes de terre à plat sur un plan de travail. Trancher les pommes de terre sans les couper complètement (voir photo p. 63).

Dans un bol, mélanger les pommes de terre, l'huile et la ciboulette en faisant pénétrer l'huile entre les fentes. Saler et poivrer. Déposer les pommes de terre sur une plaque et cuire au four environ 35 minutes. Pendant la cuisson, badigeonner les pommes de terre à quelques reprises avec le reste d'huile. Saupoudrer de fromage et de chapelure. Poursuivre la cuisson jusqu'à ce que le fromage soit doré, environ 15 minutes.

Gratin dauphinois

TEMPS DE PRÉPARATION
20 MINUTES

TEMPS DE CUISSON
1 H 15

PORTIONS
6

1,2 kg (2 1/2 lb) de pommes de terre, pelées (environ 6 grosses)
500 ml (2 tasses) de fromage emmental, râpé
250 ml (1 tasse) de crème 35 % à cuisson
Sel et poivre

Placer la grille au centre du four. Préchauffer le four à 180 °C (350 °F).

Laver les pommes de terre, les égoutter et les trancher finement à la mandoline. Ne pas rincer les tranches de pommes de terre afin de conserver le maximum d'amidon.

Beurrer les côtés et le fond d'un plat de cuisson de 30 x 20 cm (12 x 8 po). Tapisser le fond de tranches de pommes de terre.

Poursuivre avec une couche de fromage et de la crème. Saler et poivrer. Continuer ainsi, en alternant, jusqu'à épuisement des ingrédients. Couvrir de papier d'aluminium.

Cuire au four pendant 1 heure. Retirer le papier d'aluminium et poursuivre la cuisson pendant environ 15 minutes, jusqu'à ce que le gratin soit bien doré. Laisser reposer pendant 10 minutes, puis couper en carrés.

Comme j'adore les asperges au beurre, je vous propose une sauce hollandaise. Lorsqu'il me reste un peu de sauce, je la réfrigère et le lendemain, je la sers froide et ferme sur un poisson grillé. Miam !

Asperges grillées
sauce mousseline à l'estragon

TEMPS DE PRÉPARATION
15 MINUTES

TEMPS DE CUISSON
15 MINUTES

PORTIONS
6

36 asperges, parées
Huile d'olive
Sel et poivre
125 ml (1/2 tasse) de crème 35 %,
    fouettée
30 ml (2 c. à soupe) d'estragon frais,
    ciselé

Sauce hollandaise
45 ml (3 c. à soupe) de jus
    de citron
3 jaunes d'œufs
180 ml (3/4 tasse) de dés de beurre,
    à la température de la pièce
Sel et poivre

Cuisson des asperges
Placer la grille dans le haut du four. Préchauffer le four à gril (*broil*). Déposer les asperges sur une plaque de cuisson. Y ajouter un filet d'huile d'olive. Saler et poivrer. Griller au four jusqu'à ce qu'elles soient *al dente*. Secouer la plaque une fois pendant la cuisson.

Sauce hollandaise
Dans la partie supérieure d'un bain-marie, hors du feu, fouetter le jus de citron et les jaunes d'œufs. Déposer sur la casserole d'eau frémissante et fouetter jusqu'à ce que le mélange soit chaud.

Ajouter le beurre, un morceau à la fois, en fouettant. Le beurre doit être complètement fondu entre chaque addition. Il est important de ne pas faire bouillir la sauce. Retirer du feu et laisser tiédir. Saler et poivrer. Incorporer la crème fouettée et l'estragon à la sauce hollandaise.

Napper les asperges grillées de sauce mousseline. Servir en entrée ou en légume d'accompagnement.

ON BOIT QUOI ?
Pour une entrée,
on peut servir un
muscat sec d'Alsace

C'est Brigitte qui m'a fait découvrir le quinoa. Visuellement, il a l'air d'une céréale : il me fait penser au couscous ou au boulgour. Botaniquement, c'est autre chose : le quinoa est le fruit d'une plante de la même famille que la betterave et l'épinard. Une fois cuits, les petits grains de quinoa jaunâtres éclatent en bouche comme du caviar. On le trouve dans les magasins de produits naturels et, de plus en plus, dans les supermarchés.

Salade de quinoa
et de haricots

TEMPS DE PRÉPARATION
15 MINUTES

TEMPS DE CUISSON
15 MINUTES

PORTIONS
4

250 ml (1 tasse) de quinoa
200 g (7 oz) de haricots verts fins, parés
1 boîte de 540 ml (19 oz) de haricots rouges, rincés et égouttés
2 oignons verts, hachés finement
1/2 concombre anglais, pelé et coupé en dés
60 ml (1/4 tasse) d'huile d'olive
45 ml (3 c. à soupe) de vinaigre de vin blanc
15 ml (1 c. à soupe) d'estragon frais, ciselé
Quelques gouttes de tabasco
Sel et poivre

Dans une casserole, cuire le quinoa dans une grande quantité d'eau bouillante salée pendant environ 15 minutes, ou jusqu'à ce que les grains soient tendres, mais encore croquants. Rincer à l'eau froide et bien égoutter. Réserver.

Cuire les haricots verts dans l'eau bouillante salée. Rincer à l'eau très froide, égoutter et réserver.

Mélanger tous les ingrédients dans un saladier. Saler et poivrer.

Idéalement, réfrigérer pendant une heure avant de servir avec une viande ou un poisson grillé.

J'aime bien le goût de l'huile d'olive et j'en mettrais dans toutes mes salades ! Toutefois, sa saveur est trop prononcée pour certaines vinaigrettes comme celle de la salade César. Si vous tenez à votre huile d'olive, mélangez-la à une quantité égale d'huile végétale (canola, maïs ou soya).

Salade César

TEMPS DE PRÉPARATION
25 MINUTES

TEMPS DE CUISSON
15 MINUTES

PORTIONS
4

6 tranches de pain, la croûte enlevée,
    coupées en cubes
60 ml (1/4 tasse) de beurre
10 tranches de bacon
1 grosse laitue romaine,
    déchiquetée

Vinaigrette
1 jaune d'œuf
15 ml (1 c. à soupe) de jus
    de citron
1 gousse d'ail, hachée finement
180 ml (3/4 tasse) d'huile végétale
30 ml (2 c. à soupe) de câpres,
    hachées
5 ml (1 c. à thé) de pâte d'anchois
    (ou 2 filets d'anchois réduits en
    purée à l'aide d'une cuillère de bois)
180 ml (3/4 tasse) de parmigiano
    reggiano, râpé

Dans une poêle, dorer le pain dans le beurre pendant environ 10 minutes. Réserver.

Dans la même poêle, cuire le bacon jusqu'à ce qu'il soit croustillant. Égoutter sur du papier absorbant. Hacher et réserver.

Vinaigrette
Dans un bol, fouetter le jaune d'œuf, le jus de citron et l'ail. Ajouter l'huile en un mince filet, en fouettant constamment, jusqu'à ce que le mélange épaississe. Ajouter les câpres, la pâte d'anchois et le quart du fromage.

Dans un saladier, mélanger la laitue, la vinaigrette, les croûtons et le bacon. Saupoudrer du reste de fromage ; poivrer. Servir aussitôt.

Salade de pommes de terre
et de topinambours

TEMPS DE PRÉPARATION
15 MINUTES

TEMPS DE CUISSON
30 MINUTES

PORTIONS
4 À 6

600 g (1 1/4 lb) de pommes de terre
    grelot
300 g (10 oz) de topinambours, pelés
250 ml (1 tasse) de concombre pelé,
    épépiné et coupé en dés
    (1/2 environ)
75 ml (1/3 tasse) de noix de Grenoble
    en morceaux, grillées
Sel et poivre

Vinaigrette
180 ml (3/4 tasse) de mayonnaise
10 ml (2 c. à thé) de vinaigre de vin
    blanc
Le zeste râpé et le jus d'une orange
30 ml (2 c. à soupe) de ciboulette
    fraîche, ciselée
5 ml (1 c. à thé) de thym frais, effeuillé
Sel et poivre

Cuire les pommes de terre et les topinambours séparément, dans l'eau bouillante salée, jusqu'à ce qu'ils soient tendres, soit de 20 à 30 minutes. Égoutter et laisser tiédir. Couper les pommes de terre en quartiers et les topinambours en morceaux de même taille.

Entre-temps, préparer la vinaigrette. Dans un bol, fouetter la mayonnaise, le vinaigre, le zeste et le jus d'orange, la ciboulette et le thym. Saler et poivrer. Réserver.

Verser la vinaigrette dans un grand bol. Ajouter les pommes de terre et les topinambours, puis le concombre et les noix. Mélanger délicatement. Rectifier l'assaisonnement. Servir sans attendre en accompagnement de viandes et de volailles.

l y a de ces légumes oubliés qui reviennent en force. C'est le cas du topinambour, un tubercule originaire d'Amérique du Nord. On l'appelle aussi artichaut de Jérusalem à cause de son goût particulier qui rappelle l'artichaut. Il est disponible surtout l'automne mais sachez qu'il se conserve facilement de trois à quatre mois, emballé dans un sac de plastique perforé au réfrigérateur. Il se cuisine en gratin, comme des pommes de terre, et en potage. Il noircit vite à l'air alors prévoyez un bol d'eau citronnée au moment de peler ce tubercule difforme.

Mes vinaigrettes

Au parmesan et aux olives noires

125 ml (1/2 tasse) d'huile d'olive
30 ml (2 c. à soupe) de vinaigre de vin blanc
45 ml (3 c. à soupe) de parmigiano reggiano, *râpé*
45 ml (3 c. à soupe) d'olives noires dans l'huile,
    dénoyautées et hachées finement
1 petite gousse d'ail, hachée finement
15 ml (1 c. à soupe) de persil plat frais, ciselé
Sel et poivre

Fouetter tous les ingrédients dans un bol.
Une vinaigrette parfaite avec une salade de laitue
romaine.

Asiatique

125 ml 1/2 tasse) d'huile végétale
10 ml (2 c. à thé) d'huile de sésame grillé
1 petite gousse d'ail, hachée finement
15 ml (1 c. à soupe) de gingembre frais haché finement
45 ml (3 c. à soupe) de vinaigre de riz
2,5 ml (1/2 c. à thé) de miel
Sel et poivre

Fouetter tous les ingrédients dans un bol. Délicieux avec
une salade de fèves germées, de poivrons en julienne et
d'oignons verts.

Au fromage bleu québécois

75 m (1/3 tasse) de fromage bleu québécois
    (Saint-Benoît, Ciel de Charlevoix, etc.)
250 ml (1 tasse) de crème sure
15 ml (1 c. à soupe) de persil plat frais, ciselé
10 ml (2 c. à thé) de jus de citron
Poivre

Fouetter tous les ingrédients dans un petit mélangeur
ou un robot. Relève superbement le goût des épinards.

Française

125 ml (1/2 tasse) d'huile d'olive
30 ml (2 c. à soupe) de moutarde de Dijon
30 ml (2 c. à soupe) de vinaigre de vin blanc
5 ml (1 c. à thé) d'estragon séché
Sel et poivre

Fouetter tous les ingrédients dans un bol.
Servir avec un mesclun.

Salade de bœuf
aux fèves germées et aux pommes vertes

TEMPS DE PRÉPARATION
20 MINUTES

TEMPS DE CUISSON
10 MINUTES

PORTIONS
4 À 6

Beurre, au besoin
1 tranche de 454 g (1 lb) de rôti
    de côtes croisées, désossée
3 pommes vertes
750 ml (3 tasses) de fèves germées
3 oignons verts, hachés finement
60 ml (1/4 tasse) de coriandre fraîche,
    ciselée
125 ml (1/2 tasse) d'arachides
    grillées et concassées
Sel et poivre

Vinaigrette

Le jus d'une lime
5 ml (1 c. à thé) de sucre
15 ml (1 c. à soupe) de sauce de poisson
15 ml (1 c. à soupe) d'huile de sésame
    non grillé
15 ml (1 c. à soupe) de sauce soya
1 petite gousse d'ail, hachée finement
Une pincée de piment de Cayenne

Dans une poêle striée avec un peu de beurre ou sur le barbecue, saisir le bœuf des deux côtés pendant environ 5 minutes, pour obtenir une viande saignante. Saler et poivrer. Laisser reposer pendant 5 minutes. Trancher en fines lanières et réserver.

À la mandoline ou à l'aide d'un couteau bien aiguisé, trancher les pommes en fine julienne.

Dans un bol, mélanger le bœuf, les pommes et les autres ingrédients de la salade.

Vinaigrette

Dans un bol, fouetter les ingrédients et verser sur la salade. Bien mélanger et rectifier l'assaisonnement.

ON BOIT QUOI ?

Un rosé de Provence
bien frais s'harmonisera à
merveille à cette salade.

Les légumes racine autres que les carottes et les pommes de terre sont encore peu consommés au Québec. On ne les utilise bien souvent que pour les plats mijotés. Ce sont pourtant des légumes bourrés de saveur, qui se présentent fort joliment dans une assiette. Le salsifis noir, par exemple, ressemble à une longue carotte à pelure noire et dont la chair, de couleur crème, noircit rapidement. Pour éviter le noircissement, il faut plonger le salsifis dans l'eau citronnée dès qu'il est tranché. Lorsque je veux servir des salsifis le week-end, je les commande à mon épicier quelques jours à l'avance.

Légumes oubliés
caramélisés

TEMPS DE PRÉPARATION
10 MINUTES

TEMPS DE CUISSON
50 MINUTES

PORTIONS
4

45 ml (3 c. à soupe) de beurre

30 ml (2 c. à soupe) de miel

4 carottes longues et fines, pelées et coupées en 4 dans le sens de la longueur

4 petits panais, pelés et coupés en 4 dans le sens de la longueur

4 salsifis noirs (facultatif), pelés et coupés en 2 ou 3 dans le sens de la longueur

2 rabioles de grosseur moyenne, pelés et coupés en 6 morceaux

1 blanc de poireau, coupé en tronçons de 2,5 cm (1 po)

1 oignon, coupé en morceaux, ou 12 petits oignons à mariner

10 ml (2 c. à thé) de thym frais, effeuillé

Sel et poivre

Placer la grille au centre du four. Préchauffer le four à 180 °C (350 °F).

Dans une grande poêle allant au four, chauffer le beurre et le miel. Ajouter les légumes et le thym. Cuire pendant environ 10 minutes, à feu moyen élevé, sans trop remuer pour permettre aux légumes de caraméliser. Saler et poivrer. Placer la poêle au four et poursuivre la cuisson pendant environ 40 minutes ou jusqu'à ce que les légumes soient tendres.

Délicieux avec le bœuf, les viandes sauvages, le porc et la volaille.

Adolescent, à l'exception des betteraves marinées de ma mère, même le supplice de la goutte d'eau n'aurait pas réussi à me faire manger ce légume. Je trouvais la betterave sans intérêt. Trop sucrée pour un légume, trop tachante, toujours fade et bouillie. Je n'entrevoyais ni avenir, ni solution pour elle. Quand la raffinerie de sucre a fermé ses portes à Saint-Hilaire, je croyais que le sort de la betterave était enfin scellé (même si ce n'est pas la même variété de betterave). Heureusement, les goûts évoluent. Comment ai-je pu me priver aussi longtemps d'un tel plaisir culinaire ? Bouillie, c'est vrai que ce n'est pas l'extase. Mais avec un peu de beurre, de la ciboulette, du fenouil et du sel de mer ou encore en salade avec des endives, des quartiers de pamplemousse rose et de l'huile d'olive, là, j'ai des chaleurs.

Betteraves au fenouil

TEMPS DE PRÉPARATION
10 MINUTES

TEMPS DE CUISSON
1 H 15

PORTIONS
6

8 betteraves, pelées et coupées en
	petits quartiers
30 ml (2 c. à soupe) d'huile d'olive
15 ml (1 c. à soupe) de graines de
	fenouil
7,5 ml (1 1/2 c. à thé) de sel de céleri
6 gousses d'ail, pelées
Sel et poivre
15 ml (1 c. à soupe) d'estragon frais,
	ciselé

Placer la grille au centre du four. Préchauffer le four à 180 °C (350 °F).

Placer tous les ingrédients, sauf l'estragon, dans un plat allant au four. Saler et poivrer.

Cuire au four pendant environ 1 h 15, en remuant de temps à autre.

À la sortie du four, retirer l'ail, l'écraser et le remettre avec les betteraves. Parsemer d'estragon.

Servir les betteraves chaudes avec les viandes ou les volailles.

Du rouge sombre qu'elles ont toujours été, voilà qu'on trouve les betteraves blanches, jaune doré, et même bicolores, cerclées de rouge et de blanc. Sont-elles intéressantes à cuisiner ? Cela dépend. À cuisson égale, les betteraves rouges sont plus fermes sous la dent et moins sucrées que les jaunes. Ces dernières sont à mon goût les meilleures. De plus, les jaunes conservent leur magnifique couleur à la cuisson, ce qui n'est pas le cas des betteraves bicolores. Pour conserver leur apparence spectaculaire, il est préférable de les servir crues, en salade.

Bok choy glacé à l'érable

TEMPS DE PRÉPARATION
5 MINUTES

TEMPS DE CUISSON
8 MINUTES

PORTIONS
4

*1 gros bok choy, ou 4 petits d'environ
175 g (6 oz) chacun*
*15 ml (1 c. à soupe) d'huile de sésame
non grillé*
1 gousse d'ail, hachée
30 ml (2 c. à soupe) de sauce soya
60 ml (1/4 tasse) de sirop d'érable
2 oignons verts, hachés

Couper le *bok choy* en tranches de 2,5 cm (1 po) de large, à la diagonale.

Dans un wok ou une grande poêle, chauffer l'huile. Y sauter le *bok choy* avec l'ail environ 5 minutes à feu moyen. Saler et poivrer.

Ajouter la sauce soya, le sirop d'érable et les oignons verts. Poursuivre la cuisson à feu élevé environ 3 minutes. Rectifier l'assaisonnement.

Servir avec un filet de porc grillé ou la vollaille tel que le poulet fumé au thé (recette page 129).

L'huile de sésame grillé est beaucoup plus parfumée que l'huile de sésame non grillé. Lisez bien votre recette avant d'employer l'une ou l'autre lorsque vous cuisinez. Si vous n'avez pas d'huile de sésame non grillé, vous pouvez la remplacer par un mélange d'un tiers d'huile de sésame grillé et de deux tiers d'huile d'arachide ou de canola. Ainsi, pour obtenir l'équivalent de 15 ml (1 c. à soupe) d'huile de sésame non grillé, utilisez 5 ml (1 c. à thé) d'huile de sésame grillé mélangée à 10 ml (2 c. à thé) d'huile d'arachide ou de canola.

Mes purées de légumes

Purée de céleris-raves aux épinards

TEMPS DE PRÉPARATION **30 MINUTES**
TEMPS DE CUISSON **15 MINUTES**
PORTIONS **6**

2 litres (8 tasses) de céleris-raves
    pelés et coupés en cubes
    (environ 4 céleris-raves de
    454 g/1 lb)
30 ml (2 c. à soupe) d'huile d'olive
1,5 litre (6 tasses) d'épinards frais,
    parés
60 ml (1/4 tasse) de beurre
Sel et poivre

Mettre les céleris-raves dans une casserole. Couvrir d'eau froide légèrement salée, porter à ébullition et cuire jusqu'à tendreté. Égoutter. Remettre les céleris-raves sur le feu pendant quelques secondes pour permettre à l'eau de cuisson de s'évaporer entièrement. Réserver.

Dans une casserole, chauffer l'huile. Ajouter les épinards et faire tomber. Égoutter dans un tamis en pressant bien.

Au robot culinaire, réduire les légumes en purée avec le beurre. Saler et poivrer.

Servir avec du canard ou du poulet.

Purée de légumes racine

TEMPS DE PRÉPARATION **15 MINUTES**
TEMPS DE CUISSON **35 MINUTES**
PORTIONS **6**

1 litre (4 tasses) de pommes de
    terre pelées et coupées en
    gros cubes (environ 4 pommes
    de terre ou 750 g/1 1/2 lb)
500 ml (2 tasses) de navet pelé et
    coupé en petits cubes (environ
    1/2 navet de grosseur moyenne)
750 ml (3 tasses) de carottes
    pelées et coupées en tranches
    (environ 6 carottes de grosseur
    moyenne)
60 ml (1/4 tasse) de crème 15 %
    à cuisson, environ
60 ml (1/4 tasse) de beurre
Sel et poivre
45 ml (3 c. à soupe) de persil plat
    frais, ciselé
2 branches de thym, effeuillées

Placer les légumes dans une casserole et couvrir d'eau froide légèrement salée. Porter à ébullition et cuire jusqu'à tendreté. Égoutter. Remettre les légumes sur le feu quelques secondes pour permettre à l'eau de cuisson de s'évaporer entièrement.

À l'aide d'un pilon, réduire les légumes en purée. Ajouter la crème et le beurre. Fouetter au batteur électrique jusqu'à homogénéité. Saler, poivrer et parfumer avec les herbes.

Délicieux avec du bœuf ou du veau.

Purée de pommes de terre à l'ail confit

TEMPS DE PRÉPARATION **15 MINUTES**
TEMPS DE CUISSON **1 H 20**
PORTIONS **6**

1 tête d'ail entière
1,75 litre (7 tasses) de pommes
    de terre pelées et coupées en
    morceaux (environ 8 pommes
    de terre de grosseur moyenne)
125 ml (1/2 tasse) d'huile d'olive
Sel et poivre

Placer la grille au centre du four. Préchauffer le four à 180 °C (350 °F).

Trancher le dessus de la tête d'ail. Envelopper dans du papier d'aluminium et cuire au four environ 45 minutes. Laisser tiédir.

Placer les pommes de terre dans une casserole et couvrir d'eau froide légèrement salée. Porter à ébullition et cuire jusqu'à tendreté. Égoutter et réserver un peu d'eau de cuisson. Remettre les pommes de terre sur le feu quelques secondes pour permettre à l'eau de cuisson de s'évaporer entièrement.

Réduire les pommes de terre en une purée grossière à l'aide d'un pilon. Presser la tête d'ail au-dessus des pommes de terre pour y laisser tomber la pulpe. Ajouter l'huile et fouetter au batteur électrique. Au besoin, ajouter un peu d'eau de cuisson réservée pour obtenir une purée onctueuse. Saler et poivrer.

Accompagnement parfait des viandes, des volailles et des poissons.

dolce vita

Pâtes et pizzas

Pizza à l'aubergine
à l'ail et au provolone

TEMPS DE PRÉPARATION
40 MINUTES

TEMPS D'ATTENTE
35 MINUTES

TEMPS DE CUISSON
1 H 20

PORTIONS
2 PIZZAS DE 20 CM (8 PO)

Pâte à pizza maison

250 ml (1 tasse) d'eau tiède
5 ml (1 c. à thé) de levure instantanée
5 ml (1 c. à thé) de sucre
500 ml (2 tasses) de farine
5 ml (1 c. à thé) de sel

Sauce à pizza

3 gousses d'ail, hachées
30 ml (2 c. à soupe) d'huile d'olive
1 boîte de 796 ml (28 oz) de tomates italiennes
15 ml (1 c. à soupe) de basilic séché
15 ml (1 c. à soupe) d'origan séché
Sel et poivre

Garniture

2 têtes d'ail
8 à 10 fines tranches d'aubergine de grosseur moyenne
Huile d'olive
Sel
Farine de maïs
1 recette de pâte à pizza maison
125 ml (1/2 tasse) de sauce à pizza
8 tranches de provolone
Basilic frais, ciselé

Pâte à pizza maison

Dans un bol, mélanger l'eau, la levure et le sucre. Laisser reposer jusqu'à ce que la préparation mousse sur le dessus, environ 5 minutes.

Au robot culinaire, travailler avec la lame en plastique ou le crochet à pétrir. Mélanger la farine et le sel. Actionner le robot à vitesse moyenne et ajouter le mélange de levure jusqu'à l'obtention d'une boule molle.

Retirer la pâte du bol et pétrir quelques minutes en la farinant pour éviter qu'elle colle. La déposer dans un bol légèrement huilé et couvrir d'un linge propre. Laisser la pâte gonfler environ 30 minutes dans un endroit tiède. La couper ensuite en deux.

Sauce à pizza

Dans une casserole, faire revenir l'ail dans l'huile. Broyer les tomates avec les mains et les ajouter à la casserole avec le reste des ingrédients. Laisser mijoter doucement environ 20 minutes, sans couvrir. Cette recette donne environ 750 ml (3 tasses). Le surplus se congèle.

Garniture

Placer la grille dans le bas du four. Préchauffer le four à 200 °C (400 °F).

Couper le dessus des têtes d'ail. Les déposer sur un papier d'aluminium. Bien envelopper. Cuire au four environ 45 minutes. Réserver.

Préchauffer la pierre à pizza au four.

Dans une poêle, dorer l'aubergine dans l'huile d'olive (soyez généreux avec l'huile pour que l'aubergine puisse bien dorer). Saler et réserver.

Saupoudrer un peu de farine de maïs sur la planche à pizza. Rouler la pâte pour obtenir deux croûtes de 20 cm (8 po). Glisser la première pâte sur la planche.

Presser les têtes d'ail pour en extraire le plus d'ail confit possible et en étendre la moitié sur la pâte. Étaler un peu de sauce. Parsemer d'aubergine et de fromage. Glisser la pizza sur la pierre à pizza. Cuire au four environ 15 minutes. Pendant ce temps, préparer l'autre pizza. Garnir de basilic.

ON BOIT QUOI ?

Soyez régional et optez pour un rouge italien : un chianti Classico léger.

Penne aux saucisses italiennes

TEMPS DE PRÉPARATION
25 MINUTES

TEMPS DE CUISSON
25 MINUTES

PORTIONS
4

12 tomates italiennes

4 saucisses italiennes piquantes

1 oignon, haché finement

4 gousses d'ail, hachées finement

75 ml (1/3 tasse) d'huile d'olive

125 ml (1/2 tasse) de vin rouge

15 ml (1 c. à soupe) d'origan frais,
  effeuillé

60 ml (1/4 tasse) de basilic frais, ciselé

1 litre (4 tasses) de penne regate
  (plumes rayées), cuites et chaudes

Sel et poivre

À l'aide d'un couteau bien aiguisé, pratiquer une incision en forme de croix au bout de chaque tomate, à l'opposé du pédoncule. Dans l'eau bouillante, les blanchir de 1 à 2 minutes, selon leur degré de maturité (les tomates plus mûres blanchiront plus vite). Plonger ensuite les tomates dans l'eau froide puis les peler, les couper en deux et les épépiner.

Piquer les saucisses avec une fourchette et les faire bouillir pendant 5 minutes. Laisser tiédir et couper en tranches d'épaisseur moyenne. Réserver.

Dans une casserole, cuire l'oignon et l'ail dans l'huile. Ajouter les saucisses et poursuivre la cuisson jusqu'à ce que l'oignon commence à dorer. Ajouter le vin et laisser réduire de moitié.

Ajouter les tomates, réduire le feu et laisser mijoter pendant environ 15 minutes, en remuant de temps en temps. Ajouter l'origan et le basilic. Incorporer les pâtes et bien mélanger. Saler et poivrer. Servir aussitôt.

ON BOIT QUOI ?
Le sommelier Alain Bélanger nous suggère d'accompagner ce plat d'un bon rouge italien comme le Montepulciano d'Abbruzo.

Je me souviens de l'odeur de la sauce à spaghetti religieusement préparée par mon père tous les samedis après-midi. Nos vêtements s'imprégnaient des parfums d'oignons caramélisés, d'ail et de tomates frémissantes. Après les pâtes, c'était la sieste. Le bonheur tranquille. On a tous, ancrées en nous, des mémoires profondes, olfactives et gustatives qui procurent une sensation d'apaisement et de sécurité. Pour se « regrounder », certains ont besoin de thérapie sous hypnose, de régression fœtale ou de millepertuis. Mais pour la plupart d'entre nous, le simple fait de porter à sa bouche un aliment chargé de souvenirs vaut bien le meilleur des chamans. Il y a de ces plats qui nous réconfortent, qui font du bien à l'âme.

Sauce bolognaise

TEMPS DE PRÉPARATION
20 MINUTES

TEMPS DE CUISSON
2 H 30

PORTIONS
6 À 8

60 g (2 oz) de pancetta *douce, hachée finement*
60 ml (1/4 tasse) d'huile d'olive
2 oignons, hachés finement
2 carottes, coupées en dés
2 branches de céleri, coupées en dés
6 gousses d'ail, hachées finement
1 kg (2 lb) de bœuf haché maigre
375 ml (1 1/2 tasse) de vin rouge
250 ml (1 tasse) de lait
2 boîtes de 796 ml (28 oz) de tomates italiennes
15 ml (1 c. à soupe) d'origan séché
30 ml (2 c. à soupe) de basilic séché
2 feuilles de laurier
Muscade, au goût
Flocons de piment, au goût
Sel et poivre

Dans une casserole, dorer la *pancetta* dans l'huile.

Ajouter les légumes et l'ail. Cuire quelques minutes.

Ajouter la viande et l'émietter à chaleur vive jusqu'à ce que le jus de cuisson se soit évaporé.

Ajouter le vin et laisser réduire de moitié.

Ajouter le lait et laisser mijoter doucement 5 minutes.

Ajouter le reste des ingrédients et poursuivre la cuisson à feu doux environ 2 heures, sans couvrir.

ON BOIT QUOI ?
Un Sangiovese di
Romagna

Cette recette est un succès à tout coup. Tout le monde aime les pâtes. Et celles-ci sont différentes grâce aux tomates confites. Pour ceux à qui le temps fait cruellement défaut, confire les tomates est un bon compromis aux tomates séchées au four. Cette technique prend environ 2 h 30 de cuisson mais ne nécessite presque aucune surveillance et demande seulement 10 minutes de préparation. Une fois confites, je les utilise immédiatement ou je les congèle à la dizaine dans des sacs hermétiques et datés. Au moment de confire les tomates, souvenez-vous que plus longtemps elles restent au four, moins elles ont d'eau. L'idéal, est de goûter un morceau de tomate après deux heures de cuisson pour connaître ses préférences. Par la suite, vous les ferez les yeux fermés.

Spaghettini
aux tomates confites

TEMPS DE PRÉPARATION
25 MINUTES

TEMPS DE CUISSON
2 H 45

PORTIONS
4

Tomates confites

*750 g de tomates italiennes
(environ 10 tomates)
45 ml (3 c. à soupe) d'huile d'olive
10 ml (2 c. à thé) de basilic séché
5 ml (1 c. à thé) d'origan séché
Sel de mer et poivre du moulin*

Pâtes et sauce

*125 ml (1/2 tasse) d'huile d'olive
Flocons de piments broyés, au goût
2 oignons rouges, émincés
2 gousses d'ail, hachées finement
225 g (1/2 lb) de champignons, coupés
en quartiers
1 recette de tomates confites,
coupées en petits morceaux
60 ml (1/4 tasse) de vin blanc
60 ml (1/4 tasse) de bouillon de poulet
375 g (3/4 lb) de spaghettini, cuits et
chauds
125 ml (1/2 tasse) de basilic frais, ciselé
Copeaux de parmigiano reggiano ou
de fromage pecorino*

Tomates confites

Placer la grille au centre du four. Préchauffer le four à 100 °C (200 °F).

Laver les tomates et les couper en deux. En retirer le cœur et les graines.

Dans un bol, mélanger tous les ingrédients. Déposer les tomates sur une plaque, le côté bombé vers le haut.

Cuire au four environ 2 h 30, selon la taille des tomates. Si on poursuit la cuisson une quinzaine d'heures, on obtient des tomates séchées.

Pâtes et sauce

Dans une casserole, chauffer l'huile et les flocons de piment. Ajouter les oignons et les attendrir légèrement. Ajouter l'ail et les champignons. Poursuivre la cuisson jusqu'à ce que les champignons perdent leur eau.

Ajouter les tomates et le vin. Cuire 1 minute. Saler et poivrer.

Ajouter le bouillon et les pâtes. Bien remuer pour réchauffer. Rectifier l'assaisonnement. Au dernier moment, ajouter le basilic.

Au service, garnir de copeaux de parmesan.

ON BOIT QUOI ?

Optez pour un
Dolcetto d'Alba

La recette de tomates confites se double ou se triple. Elles sont délicieuses en potage ou en antipasti.

Raviolis aux poireaux
et aux champignons

TEMPS DE PRÉPARATION
40 MINUTES

TEMPS DE CUISSON
25 MINUTES

PORTIONS
4

Farce

30 ml (2 c. à soupe) de beurre

625 ml (2 1/2 tasses) de blancs de poireau, émincés finement (environ 2 blancs de poireau)

1 gousse d'ail, hachée finement

125 ml (1/2 tasse) de crème 35 % à cuisson

500 ml (2 tasses) d'épinards frais, parés et hachés

Sel et poivre

60 ml (1/4 tasse) de parmigiano reggiano, râpé

15 ml (1 c. à soupe) de persil plat, ciselé

15 ml (1 c. à soupe) de ciboulette fraîche, ciselée

Raviolis

40 pâtes à egg roll, décongelées (environ 1 boîte de 454 g/1 lb)

45 ml (3 c. à soupe) d'huile d'olive

Garniture

100 g (3 1/2 oz) de pancetta forte, coupée en petits dés

45 ml (3 c. à soupe) d'huile d'olive

2 échalotes françaises, hachées

2 gousses d'ail, hachées finement

1 litre (4 tasses) de shiitake ou d'autres champignons, la queue retirée, tranchés

15 ml (1 c. à soupe) de persil plat, ciselé

1 oignon vert, haché finement

125 ml (1/2 tasse) de bouillon de poulet

Sel et poivre

60 ml (1/4 tasse) de parmigiano reggiano, râpé

Farce

Dans une poêle, faire fondre le beurre à feu moyen-élevé. Ajouter le poireau, l'ail et faire revenir doucement jusqu'à ce qu'ils soient tendres. Ajouter la crème et laisser mijoter environ 5 minutes, jusqu'à ce que la préparation épaississe. Ajouter les épinards et faire tomber. Saler et poivrer. Transférer dans un bol. Laisser tiédir. Ajouter le parmesan et les herbes.

Raviolis

Mettre 4 carrés de pâte sur un plan de travail. À l'aide d'une cuillère, déposer 15 ml (1 c. à soupe) de farce au centre de chaque carré. Badigeonner la pâte avec un peu d'eau, puis couvrir d'un second carré de pâte. Presser la pâte tout autour de la farce pour bien sceller.

À l'aide d'un emporte-pièce rond de 7,5 cm (3 po) de diamètre, découper chaque carré pour former des raviolis. Presser à nouveau pour sceller. Poursuivre ainsi avec le reste des ingrédients.

Dans une grande casserole d'eau bouillante salée, cuire les raviolis pendant environ 5 minutes. Égoutter et mettre dans un bol avec l'huile d'olive.

Garniture

Dans une grande poêle, faire dorer la *pancetta* dans l'huile.

Ajouter les échalotes, l'ail et les champignons. Cuire de 3 à 4 minutes. Ajouter le persil, l'oignon vert et le bouillon. Rectifier l'assaisonnement. Ajouter les raviolis et mélanger délicatement. Saupoudrer de parmesan. Poivrer. Servir immédiatement.

ON BOIT QUOI ?

Un bon merlot ou cabernet franc de la région de Niagara fera une belle harmonie avec ce plat.

Il était une époque pas très lointaine où toutes les lasagnes étaient pareilles. Ce n'est plus le cas aujourd'hui. Les étages se succèdent mais ne se ressemblent pas. Elles sont aussi moins épaisses qu'autrefois, elles gagnent en variété et en subtilité. Dans la recette que je vous propose, tout est simple à préparer. Bien entendu, il faut prendre le temps de cuire les aubergines et de faire griller les poivrons. Ceux-ci peuvent être remplacés par des poivrons grillés en pot, surtout en période hors saison quand les poivrons frais sont coûteux.

Lasagnes au caviar d'aubergine
et aux poivrons rouges grillés

TEMPS DE PRÉPARATION
20 MINUTES

TEMPS DE CUISSON
1 H 30

PORTIONS
4 À 6

3 poivrons rouges
2 aubergines
Sel et poivre
1 litre (4 tasses) de sauce tomate
    maison ou du commerce
9 lasagnes, cuites
125 ml (1/2 tasse) de basilic frais, ciselé
200 g (6 1/2 oz) de mozzarella,
    tranchée

Placer la grille dans le haut du four. Préchauffer le four à gril (*broil*).

Couper les poivrons en deux, les épépiner et les déposer sur une plaque, côté peau vers le haut. Griller les poivrons sous le gril jusqu'à ce que la peau noircisse. Déposer les poivrons dans un contenant hermétique et les laisser tiédir. Retirer la peau et réserver.

Déplacer la grille au centre du four et le préchauffer à 180 °C (350 °F). Piquer les aubergines avec une fourchette et les déposer sur une plaque. Cuire au four environ 1 heure. Les laisser tiédir et les couper en deux sur la longueur. À l'aide d'une cuillère, en retirer la chair, puis la réduire en purée au mélangeur ou au pilon à pommes de terre. Saler et poivrer. Réserver.

Pour monter les lasagnes, napper le fond d'un plat de cuisson de 28 x 18 cm (11 x 7 po) de la moitié de la sauce tomate. Déposer 3 lasagnes sur la sauce. Couvrir de poivrons et de basilic. Déposer 3 autres pâtes et tapisser du caviar d'aubergine. Couvrir des trois dernières lasagnes et napper du reste de sauce. Couvrir de fromage.

Cuire au four environ 20 minutes. Dorer sous le gril (*broil*).

ON BOIT QUOI ?
Un vin rouge italien de la région du Frioul fera un bel accord gourmand avec ces lasagnes.

«Risotto» d'orge printanier
aux asperges

TEMPS DE PRÉPARATION
20 MINUTES

TEMPS DE CUISSON
50 MINUTES

PORTIONS
4

180 ml (3/4 tasse) d'orge perlé
1 oignon, haché finement
30 ml (2 c. à soupe) d'huile d'olive
45 ml (3 c. à soupe) de beurre
60 ml (1/4 tasse) de vin blanc
750 ml (3 tasses) de bouillon de poulet
250 ml (1 tasse) d'asperges fraîches,
    coupées en deux sur la longueur,
    puis en tronçons de 1 cm (1/2 po)
180 ml (3/4 tasse) de parmigiano
    reggiano frais, râpé
250 ml (1 tasse) de basilic frais, ciselé
Sel et poivre

Dans une casserole, faire revenir l'orge et l'oignon dans l'huile et 30 ml (2 c. à soupe) du beurre à feu moyen jusqu'à ce que l'oignon soit translucide, soit environ 5 minutes. Déglacer avec le vin blanc.

Ajouter le bouillon. Porter à ébullition, couvrir et laisser mijoter à feu doux environ 30 minutes, en remuant de temps à autre. Retirer le couvercle et remuer continuellement jusqu'à absorption presque complète du bouillon, soit environ 10 minutes. Ajouter les asperges et poursuivre la cuisson 5 minutes ou jusqu'à ce que les asperges soient *al dente*.

Incorporer le reste du beurre, le parmesan et le basilic. Rectifier l'assaisonnement.

Délicieux en accompagnement de viande, volaille et poisson.

Risotto aux champignons

TEMPS DE PRÉPARATION
10 MINUTES

TEMPS DE CUISSON
30 MINUTES

PORTIONS
4

1 litre (4 tasses) de champignons variés,
    tranchés grossièrement
    (375 g/ 3/4 lb)
60 ml (1/4 tasse) d'huile d'olive
125 ml (1/2 tasse) d'échalotes françaises,
    hachées
60 ml (1/4 tasse) de beurre
375 ml (1 1/2 tasse) de riz arborio
125 ml (1/2 tasse) de vin blanc
1 litre (4 tasses) de bouillon de poulet,
    chaud, environ
180 ml (3/4 tasse) de parmigiano
    reggiano, râpé
Quelques gouttes d'huile de truffe
    (facultatif)
Sel de mer et poivre du moulin
Copeaux de parmigiano reggiano

Dans une casserole, sauter les champignons dans l'huile. Saler et poivrer. Réserver.

Dans la même casserole, dorer les échalotes dans le beurre. Ajouter le riz et cuire 1 minute à feu moyen-élevé, en remuant pour bien enrober.

Déglacer avec le vin et cuire à feu moyen, en brassant jusqu'à ce que le liquide soit presque complètement absorbé. Ajouter le bouillon, environ 180 ml (3/4 tasse) à la fois, en remuant souvent. Remettre du bouillon lorsqu'une cuillère de bois passée dans le riz laisse un sillon. Après environ 20 minutes, le riz devrait être *al dente*, avoir absorbé presque tout le liquide et avoir une consistance crémeuse.

Ajouter le fromage et les champignons. Rectifier l'assaisonnement. Ajouter l'huile de truffe, si désiré.

Poivrer et parsemer de copeaux de parmesan. Servir aussitôt.

ON BOIT QUOI ?
Il vous faut un italien, c'est certain, comme un Barbera d'Asti, franc et généreux.

Gnocchis
à la sauce tomate et épinards

TEMPS DE PRÉPARATION
45 MINUTES

TEMPS D'ATTENTE
1 H 30

TEMPS DE CUISSON
50 MINUTES

PORTIONS
4 À 6

Gnocchis

700 g (1 lb 7 oz) de pommes de terre
   Idaho, entières et non pelées
   (environ 2 grosses)
1 œuf
750 ml (3 tasses) de farine, environ
10 ml (2 c. thé) de sel
125 ml (1/2 tasse) de parmigiano
   reggiano, *râpé*
Parmigiano reggiano *râpé, pour servir*

Sauce tomate et épinards

6 tomates italiennes
1 échalote française, hachée
15 ml (1 c. à soupe) de beurre
5 ml (1 c. à thé) de jus de citron
125 ml (1/2 tasse) de vin blanc
125 ml (1/2 tasse) de bouillon de poulet
250 ml (1 tasse) de crème 35 %
   à cuisson
125 ml (1/2 tasse) de parmigiano
   reggiano, *râpé*
750 ml (3 tasses) d'épinards frais,
   parés et hachés
15 ml (1 c. à soupe) de basilic frais,
   ciselé
15 ml (1 c. à soupe) d'origan frais,
   effeuillé
Sel et poivre

Gnocchis

Déposer les pommes de terre dans une casserole et couvrir d'eau froide. Saler. Cuire jusqu'à tendreté. Égoutter. Laisser tiédir et peler. Passer les pommes de terre encore tièdes au presse-purée ou, à défaut, écraser à l'aide d'un pilon. Réserver au réfrigérateur 1 heure.

Faire un puits au centre des pommes de terre bien froides. Y casser l'œuf et bien mélanger. Ajouter la farine, le sel et le parmesan. Mélanger.

Sur un plan de travail, pétrir la pâte de pommes de terre jusqu'à ce qu'elle devienne souple et lisse. Ajouter de la farine au besoin. Laisser reposer pendant 30 minutes. Séparer la pâte en 4. Former 4 rouleaux de 1 cm (1/2 po) de diamètre. Sans attendre, couper chaque rouleau en morceaux de 1 cm (1/2 po). Saupoudrer de farine. Presser chaque morceau de pâte avec le doigt ou rouler entre deux fourchettes. Déposer les gnocchis sur une plaque enfarinée.

Dans une grande casserole d'eau bouillante salée, cuire les gnocchis, une partie à la fois, de 4 à 5 minutes ou jusqu'à ce qu'ils remontent à la surface de l'eau. Égoutter et mélanger à la sauce chaude. Garnir de parmesan.

Sauce tomate et épinards

À l'aide d'un couteau, pratiquer une incision en forme de croix au bout de chaque tomate, à l'opposé du pédoncule. Dans l'eau bouillante, blanchir de 1 à 2 minutes, selon leur degré de maturité. Plonger ensuite les tomates dans l'eau froide puis les peler, les épépiner et les couper en dés.

Dans une casserole, faire revenir l'échalote dans le beurre. Ajouter les tomates, le jus de citron, le vin et le bouillon. Laisser réduire de moitié. Ajouter la crème et laisser réduire jusqu'à épaississement. Ajouter le parmesan, les épinards, le basilic et l'origan. Cuire pendant 1 minute Saler et poivrer.

ON BOIT QUOI ?

Un bon rouge de Sicile,
un Corvo, par exemple

Vous pouvez préparer les gnocchis à l'avance en ne les faisant cuire qu'à moitié. Ils se conserveront au réfrigérateur de 2 à 3 jours et peuvent aussi être congelés. Au moment de les servir, vous n'aurez qu'à les faire cuire rapidement dans l'eau bouillante salée.

convoiter
le poisson

« Si j't'attrape, j'te mange ! »
MA FILLE JEANNE, 16 MOIS

Poissons et fruits de mer

Crevettes à l'ail
et au pastis

TEMPS DE PRÉPARATION
15 MINUTES

TEMPS DE CUISSON
25 MINUTES

PORTIONS
4

2 bulbes de fenouil
45 ml (3 c. à soupe) de beurre fondu
5 gousses d'ail
2 échalotes françaises, hachées
60 ml (1/4 tasse) d'huile d'olive
454 g (1 lb) de crevettes crues
 décortiquées
5 ml (1 c. à thé) de graines de fenouil
60 ml (1/4 tasse) de pastis
60 ml (1/4 tasse) de crème 35 %
 à cuisson
Sel et poivre

Couper les bulbes de fenouil en deux et retirer le cœur. Trancher le fenouil à la diagonale. Cuire le fenouil à la vapeur jusqu'à ce qu'il soit *al dente*. Mélanger le fenouil et le beurre, saler et poivrer. Réserver au chaud.

Trancher l'ail en fines lamelles. Dans une casserole, cuire très doucement l'ail et les échalotes dans l'huile pendant 10 minutes. Augmenter la chaleur. Ajouter les crevettes et les graines de fenouil. Remuer 1 minute et ajouter le pastis.

Cuire pendant 2 minutes et ajouter la crème. Laisser réduire environ 2 minutes. Saler et poivrer.

Servir les crevettes avec le fenouil. Accompagner de pâtes nature enrobées d'un filet d'huile d'olive et de sel de mer.

ON BOIT QUOI ?
Un vin blanc du Sud
de la France, Provence,
Côtes-Du-Rhône ou
Coteaux du Languedoc

Croquettes de crabe
et ses deux sauces [crabcakes]

Sauce au concombre

250 ml (1 tasse) de yogourt nature
(de type Méditerranée)
125 ml (1/2 tasse) de concombre pelé,
épépiné et coupé en dés
5 ml (1 c. à thé) de paprika
Une pincée de piment de Cayenne
1/2 gousse d'ail, hachée finement
Sel et poivre

Salsa

6 tomates rouges, épépinées
2 oignons verts, hachés
1 gousse d'ail, hachée finement
45 ml (3 c. à soupe) d'huile d'olive
30 ml (2 c. à soupe) de coriandre
fraîche, ciselée
Tabasco au goût
Sel et poivre

Croquettes de crabe

454 g (1 lb) de chair de crabe,
décongelée et bien égouttée
60 ml (1/4 tasse) de mayonnaise
3 oignons verts, hachés finement
2 gousses d'ail, hachées finement
30 ml (2 c. à soupe) de moutarde
de Dijon
375 ml (1 1/2 tasse) de miettes de pain
frais
2 œufs
Tabasco, au goût
15 ml (1 c. à soupe) de sauce
Worcestershire
Sel et poivre
60 ml (1/4 tasse) de farine de maïs fine
125 ml (1/2 tasse) d'huile végétale

Sauce au concombre

Dans un bol, mélanger tous les ingrédients. Réfrigérer. Servir froid.

Salsa

Au robot culinaire, réduire la moitié des tomates en purée. Couper le reste des tomates en dés.

Dans un bol, mélanger les tomates en cubes et les tomates en purée avec le reste des ingrédients. Réfrigérer. Servir froid.

Croquettes de crabe

Dans un bol, mélanger tous les ingrédients, sauf la farine de maïs et l'huile. Saler et poivrer. Façonner en croquettes de 7,5 cm (3 po) de diamètre par 2,5 cm (1 po) d'épaisseur. Passer chaque croquette dans la farine de maïs.

Dans une poêle antiadhésive, chauffer la moitié de l'huile. Ajouter la moitié des croquettes et dorer environ 6 minutes de chaque côté. Répéter avec le reste des croquettes et de l'huile.

Servir deux croquettes par personne en plat principal, et une seule en entrée. Accompagner de salsa ou de sauce au concombre.

ON BOIT QUOI ?

Un bon rosé bien frais

Rosaces de saumon
sur fenouil à la crème

TEMPS DE PRÉPARATION
25 MINUTES

TEMPS DE CUISSON
20 MINUTES

PORTIONS
4

1 gros bulbe de fenouil
30 ml (2 c. à soupe) de beurre
125 ml (1/2 tasse) de crème 15 %
    à cuisson
1 filet de saumon de 454 g (1 lb)
4 carrés de papier parchemin
    de 12,5 cm (5 po)
Sel et poivre
Œufs de lompe noirs, pour décorer
Ciboulette, pour décorer

Placer la grille au centre du four. Préchauffer le four à 220 °C (425 °F).

Conserver le feuillage du fenouil pour la décoration. Couper le bulbe de fenouil en deux et retirer le coeur. Émincer le fenouil.

Dans une casserole, attendrir le fenouil dans le beurre environ 2 minutes. Ajouter la crème. Saler et poivrer.

Couvrir et laisser mijoter 10 minutes en remuant à quelques reprises. Laisser tiédir.

Émincer le saumon comme on le ferait avec du saumon fumé. Sur une plaque de cuisson, déposer les 4 papiers parchemin. Déposer un emporte-pièce rond de 7,5 cm (3 po) par 5 cm (2 po) de hauteur sur l'un des carrés de papier. Répartir le quart du fenouil dans l'emporte-pièce et presser légèrement avec le dos d'une cuillère. Répartir le quart du saumon sur le fenouil pour le couvrir complètement. Former une fleur avec la dernière tranche de saumon. Saler et poivrer. Retirer délicatement l'emporte-pièce. Répéter les opérations avec le reste des ingrédients.

Cuire au four environ 10 minutes. Avec une spatule, déposer délicatement chaque rosace sur une assiette chaude. Décorer d'œufs de lompe et de ciboulette.

ON BOIT QUOI ?
Un Côtes-du-Rhône
ou un Costières de
Nîmes blanc

À défaut d'avoir l'emporte-pièce demandé pour préparer la recette, utilisez une boîte de conserve de dimensions semblables, ouverte aux deux bouts.

Raie au beurre noisette
aux câpres

TEMPS DE PRÉPARATION
10 MINUTES

TEMPS DE CUISSON
20 MINUTES

PORTIONS
4

1,5 litre (6 tasses) d'eau

1 oignon, coupé en quartiers

1 carotte, coupée en tronçons

1 branche de céleri, coupée en tronçons

1 branche de thym

1 feuille de laurier

60 ml (1/4 tasse) de vinaigre
   de vin blanc

15 ml (1 c. à soupe) de gros sel

1,2 kg (2,5 lb) d'ailes de raie, sans la
   peau des 2 côtés, coupées en 4
   et rincées

Beurre noisette aux câpres

125 ml (1/2 tasse) de beurre

30 ml (2 c. à soupe) de jus de citron

45 ml (3 c. à soupe) de câpres

45 ml (3 c. à soupe) de persil frais,
   ciselé

Sel et poivre

Dans une casserole, porter à ébullition l'eau, les légumes, le thym, le laurier, le vinaigre et le gros sel. Retirer du feu et laisser refroidir. Y plonger la raie. Porter à ébullition, réduire le feu et cuire à feu doux environ 7 minutes ou jusqu'à ce que la chair se détache bien. Bien écumer pendant la cuisson.

Beurre noisette aux câpres

Pendant ce temps, cuire le beurre doucement jusqu'à ce qu'il soit doré et qu'il dégage une odeur de noisette. Attention, le beurre ne doit pas noircir. Retirer du feu. Ajouter le jus de citron, les câpres et le persil. Saler et poivrer. Verser sur la raie. Accompagner de légumes grillés.

ON BOIT QUOI ?

Faites-vous plaisir et optez pour un grand vin blanc de Bourgogne.

Le beurre noisette aux câpres est délicieux sur le saumon grillé, le flétan et presque tous les poissons.

La concurrence est forte. On peut se faire livrer une pizza en moins de 30 minutes. L'objectif est donc de se cuisiner un plat meilleur que celui de la livraison, aussi rapide et moins cher.

Moules marinière

TEMPS DE PRÉPARATION
10 MINUTES

TEMPS DE CUISSON
10 MINUTES

PORTIONS
**4 ENTRÉES OU
2 PLATS PRINCIPAUX**

4 échalotes françaises, hachées
75 ml (1/3 tasse) de beurre, ramolli
250 ml (1 tasse) de céleri ou
    de bulbe de fenouil émincé
375 ml (1 1/2 tasse) de vin blanc
1 sac de moules de 1 kg (2 lb), parées
    et lavées
45 ml (3 c. à soupe) de farine
Sel et poivre

Dans une grande casserole, cuire doucement les échalotes françaises dans 30 ml (2 c. à soupe) de beurre environ 2 minutes, sans colorer. Ajouter le céleri ou le fenouil et poursuivre la cuisson de 2 à 3 minutes. Verser le vin blanc et porter à ébullition.

Aux premiers bouillons, ajouter les moules et couvrir. Les cuire à feu élevé jusqu'à ce qu'elles soient ouvertes, soit environ 5 minutes. Jeter les moules qui sont restées fermées.

Faire un beurre manié en mélangeant ensemble le reste du beurre et la farine pour obtenir une pâte lisse.

Retirer les moules et les déposer dans un plat de service chaud en laissant le bouillon dans la casserole. Ajouter peu à peu le beurre manié au bouillon en fouettant.

Rectifier l'assaisonnement. Verser la sauce sur les moules.

ON BOIT QUOI ?
Un pinot blanc
canadien de la vallée
d'Okanagan

Si les moules sont ouvertes avant la cuisson, donnez un petit coup sec sur la coquille entrouverte. Si la moule se referme, c'est parfait, elle est encore vivante. Si elle ne se referme pas, il faut la jeter, c'est signe qu'elle est morte. Après la cuisson, il faut aussi jeter toutes les moules qui sont restées fermées.

Poisson en croûte de sel

TEMPS DE PRÉPARATION
15 MINUTES

TEMPS DE CUISSON
45 MINUTES

PORTIONS
2

2 litres (8 tasses) de gros sel
125 ml (1/2 tasse) de farine
6 blancs d'œufs
60 ml (1/4 tasse) d'eau
3 branches de thym frais
3 branches d'aneth frais
3 feuilles de laurier
3 tranches de citron
1 poisson entier (vivaneau, bar rayé ou
autre) de 1,5 kg (3 lb) avec ses
écailles (voir note ci-dessous)
Jus de citron et huile d'olive

Placer la grille au centre du four. Préchauffer le four à 230 °C (450 °F). Tapisser une grande plaque de cuisson de papier parchemin.

Dans un bol, mélanger le sel et la farine. Ajouter les blancs d'œufs et l'eau. Mélanger. Réserver.

À l'aide de ciseaux, retirer les nageoires du poisson ou demander au poissonnier de le faire à l'achat.

Placer le thym, l'aneth, le laurier et les tranches de citron à l'intérieur du poisson.

Étendre le tiers du mélange de sel sur le papier parchemin, pour couvrir la longueur du poisson. Déposer le poisson sur le sel et couvrir avec le sel qui reste, en pressant bien, pour former une croûte uniforme.

Cuire au four pendant environ 45 minutes.

Retirer le poisson de la plaque et le placer sur une planche à découper. À l'aide d'un maillet, casser la croûte pour dégager le poisson. Retirer la peau du poisson et lever les filets.

Au service, arroser de jus de citron et d'un filet d'huile d'olive.

ET POUR LE VIN ?
Un somptueux
Crozes-Hermitage ou
un Hermitage blanc

Assurez-vous que le poisson n'est pas écaillé au moment de l'acheter. Un poisson sans écailles absorbera trop de sel et sa peau sera difficile à retirer.

Pétoncles
au parfum de citron et de basilic

TEMPS DE PRÉPARATION
30 MINUTES

TEMPS DE CUISSON
20 MINUTES

PORTIONS
4

Crème citronnée

250 ml (1 tasse) de crème 35 % à cuisson
60 ml (1/4 tasse) de bouillon de poulet
Le zeste râpé d'un citron
5 ml (1 c. à thé) de jus de citron
Sel et poivre

Huile de basilic

60 ml (1/4 tasse) d'huile d'olive
60 ml (1/4 tasse) de basilic frais, ciselé
2,5 ml (1/2 c. à thé) de jus de citron
Sel et poivre

Julienne de légumes

75 ml (1/3 tasse) de beurre
6 carottes, pelées et coupées
    en julienne
1 poireau, coupé en julienne

Pétoncles

20 gros pétoncles
30 ml (2 c. à soupe) d'huile d'olive
Sel et poivre

Crème citronnée
Dans une casserole, mélanger tous les ingrédients. Cuire à feu moyen pendant environ 15 minutes, pour laisser réduire de moitié. Saler et poivrer. Réserver au chaud.

Huile de basilic
Fouetter tous les ingrédients dans un petit robot ou au fouet. Réserver.

Julienne de légumes
Dans une poêle, faire fondre 45 ml (3 c. à soupe) de beurre à feu moyen. Ajouter les légumes et faire revenir pendant environ 6 minutes. Saler et poivrer. Réserver au chaud.

Pétoncles
Placer la grille au centre du four. Préchauffer le four à 190 °C (375 °F).

Éponger les pétoncles sur du papier absorbant.

Dans une poêle, chauffer 15 ml (1 c. à soupe) de beurre et 15 ml (1 c. à soupe) d'huile, à feu élevé. Griller la moitié des pétoncles pendant environ 1 minute de chaque côté. Saler et poivrer. Réserver sur une plaque de cuisson. Répéter avec le reste des pétoncles, du beurre et de l'huile. Déposer la plaque au four et cuire environ 2 minutes.

Disposer les légumes au centre des assiettes, puis les pétoncles tout autour. Napper de crème citronnée et faire couler un filet d'huile de basilic sur le pourtour de l'assiette.

ON BOIT QUOI ?

Un sauvignon blanc de Nouvelle-Zélande fera merveille avec ce beau plat de fruits de mer.

Si vous décidez de préparer l'huile de basilic à l'avance, faites blanchir les feuilles de basilic dans l'eau bouillante puis asséchez-les bien. Ceci empêchera l'huile de noircir avec le temps.

Tartare deux couleurs

TEMPS DE PRÉPARATION
20 MINUTES

TEMPS DE CUISSON
AUCUN

PORTIONS
4

*250 g (8 oz) de thon rouge ou de
    saumon très frais*
250 g (8 oz) de pétoncles très frais
1 jaune d'œuf
*1 ml (1/4 c. à thé) de moutarde
    de Dijon*
15 ml (1 c. à soupe) de jus de lime
30 ml (2 c. à soupe) d'huile d'olive
15 ml (1 c. à soupe) d'huile de noix
Le zeste râpé d'une lime
*30 ml (2 c. à soupe) de ciboulette
    fraîche, ciselée*
2,5 ml (1/2 c. à thé) d'aneth frais, ciselé
Tabasco, au goût
Sel et poivre
1 échalote française, hachée finement
Fleur de sel
Bouquet de cerfeuil

Couper les poissons en dés fins. Réserver au froid.

Dans un bol, mélanger le jaune d'œuf, la moutarde et le jus de lime. Ajouter les deux huiles en filet, en fouettant. Ajouter le zeste de lime, la ciboulette, l'aneth et le tabasco. Saler et poivrer. Réserver 30 ml (2 c. à soupe) de sauce pour décorer.

Dans un bol, mélanger le poisson, la sauce et l'échalote. Rectifier l'assaisonnement.

Placer un emporte-pièce d'environ 6 cm (2 1/2 po) de diamètre sur une assiette froide. Verser le quart du mélange. Bien tasser à l'aide d'une cuillère et soulever l'emporte-pièce. Répéter pour chacune des 3 autres portions.

Verser la sauce en filet autour du tartare. Saupoudrer de fleur de sel et de poivre. Décorer de cerfeuil.

Servir froid, avec de fines tranches de pain baguette.

ON BOIT QUOI ?

Un Sancerre ou
un Menetou-Salon
bien frais

Je n'ai pas en mémoire le moment où l'on m'a présenté la bestiole pour la première fois. Comme mes parents, elle a toujours été dans le décor. C'est peut-être pour cette raison que très tôt je l'ai tenue pour acquise. Je l'aimais toujours, mais par habitude, sans comprendre la fébrilité qu'elle créait parmi les miens chaque année, début mai. À 20 ans, sur la grève de Sainte-Anne-des-Monts, en Gaspésie, avec des amis, un feu de camp et une énorme casserole, j'ai enfin compris le plaisir que provoquent ces retrouvailles entre copains où l'on déguste le homard.

Cari de homard

TEMPS DE PRÉPARATION
30 MINUTES

TEMPS DE CUISSON
15 MINUTES

PORTIONS
4

Garam masala

15 ml (1 c. à soupe) de graines
    de coriandre

15 ml (1 c. à soupe) de grains
    de poivre mélangés

2,5 ml (1/2 c. à thé) de graines
    de cardamome

2,5 ml (1/2 c. à thé) de graines
    de cumin

1 ml (1/4 c. à thé) de cannelle moulue

1 ml (1/4 c. à thé) de clous de girofle
    moulus

Cari

5 homards de 454 g (1 lb) chacun

30 ml (2 c. à soupe) de beurre

2 oignons, hachés

2 gousses d'ail, hachées

2,5 ml (1/2 c. à thé) de miel

10 ml (2 c. à thé) de cari

7,5 ml (1 1/2 c. à thé) de garam masala
    (recette ci-dessus)

60 ml (1/4 tasse) de noix de coco
    râpée non sucrée

60 ml (1/4 tasse) de sherry

1 boîte de 400 ml de lait de coco

1 courgette, coupée en dés

Sel

Garam masala

Moudre toutes les épices à l'aide d'un mortier ou dans un moulin à café. Conserver dans un contenant hermétique et dans un endroit sec.

Cari

Couvrir le fond d'une grande casserole de 2,5 cm (1 po) d'eau. Saler généreusement et porter à ébullition. Ajouter les homards. Calculer 8 minutes de cuisson à partir du moment où l'eau se remet à bouillir. Les plonger dans l'eau glacée. Égoutter. Décortiquer les homards et défaire la chair des queues en gros morceaux. Réserver.

Dans une casserole, faire fondre le beurre. Y attendrir les oignons et l'ail à feu doux. Saler. Retirer du feu. Au mélangeur, réduire en une purée lisse.

Mettre la purée d'oignons dans la casserole avec le miel, le cari, le *garam masala* et la noix de coco. Ajouter le homard et sauter 1 minute. Déglacer avec le sherry. Ajouter le lait de coco et les courgettes. Laisser mijoter 2 minutes. Rectifier l'assaisonnement.

Servir avec du riz.

ON BOIT QUOI ?

Pour un heureux vent de fraîcheur sur ce plat bien relevé, rien de mieux qu'un chardonnay californien.

113

Longtemps je me suis demandé ce que mon voisin d'en face faisait tout l'hiver assis et concentré devant sa fenêtre. Un matin où l'on pelletait nos entrées en même temps, je lui ai demandé « Veux-tu me dire ce que tu fais dans ta fenêtre, Jacques ? ». « Des mouches à saumon, le grand », m'a-t-il répondu. Moi, mon art de la pêche se résume à trois mouches encadrées au mur. Mais sortez-moi le poisson de l'eau et je m'occupe du reste. En sushi, en *gravlax*, poché, grillé, farci, en papillotes, en rillettes, en mousse, en gelée… Je ne suis pas capable de faire une mouche, mais un rôti de saumon, pas de problème. Le saumon, c'est le filet mignon des poissons. Au Québec, 65 % des gens qui achètent du poisson choisissent le saumon. C'est le luxe à bon prix.

Rôti de saumon froid
farci aux crevettes et aux légumes

TEMPS DE PRÉPARATION
20 MINUTES

TEMPS DE CUISSON
40 MINUTES

TEMPS DE RÉFRIGÉRATION
1 NUIT

PORTIONS
6

Sauce

125 ml (1/2 tasse) de mayonnaise
60 ml (1/4 tasse) de crème sure
Le jus de 1/2 orange
Le zeste râpé d'un citron
15 ml (1 c. à soupe) de menthe fraîche,
   ciselée
30 ml (2 c. à soupe) de ciboulette
   fraîche, ciselée
Sel et poivre

Rôti de saumon

30 ml (2 c. à soupe) de beurre, ramolli
500 ml (2 tasses) d'épinards frais,
   hachés
Sel et poivre
1 filet de saumon de 454 g (1 lb),
   la peau enlevée
1 filet de sole de 250 g (1/2 lb)
15 ml (1 c. à soupe) de jus de citron
Sel et poivre
8 grosses crevettes, décortiquées,
   cuites et hachées (environ
   165 g/ 5 1/2 oz)
6 asperges, blanchies

Sauce

Dans un bol, mélanger tous les ingrédients. Réfrigérer et servir froid.

Rôti de saumon

Placer la grille au centre du four. Préchauffer le four à 180 °C (350 °F).

Dans une poêle, faire fondre la moitié du beurre. Ajouter les épinards et faire tomber pendant environ 1 minute. Saler et poivrer. Égoutter. Réserver.

À l'aide d'un couteau bien tranchant, ouvrir le filet de saumon en portefeuille. Pour ce faire, le trancher en deux sur l'épaisseur sans le séparer complètement, puis l'ouvrir à la manière d'un livre. Mettre le filet bien ouvert sur un papier parchemin. Étaler le filet de sole au centre, dans le sens de la longueur.

Dans un bol, mélanger le reste du beurre et le jus de citron. Badigeonner le filet de sole de ce mélange. Saler et poivrer. Couvrir des épinards, puis des crevettes. Disposer les asperges au centre du poisson.

Refermer le saumon en l'enroulant dans du papier parchemin. Envelopper de papier d'aluminium et mettre dans un plat allant au four.

Cuire au four pendant environ 40 minutes ou jusqu'à ce que le thermomètre à viande indique 58 °C (135 °F).

Laisser tiédir, puis placer au réfrigérateur toute une nuit. Retirer les papiers. Trancher et servir froid, accompagné de la sauce.

ON BOIT QUOI ?

Le sommelier Alain Bélanger nous suggère d'harmoniser ce plat à un Chablis bien frais.

Thon mi-cuit aux amandes
sur purée de courge musquée au gingembre

TEMPS DE PRÉPARATION
30 MINUTES

TEMPS DE CUISSON
1 H 25

PORTIONS
4

Purée de courge

1 grosse courge musquée
45 ml (3 c. à soupe) de beurre
15 ml (1 c. à soupe) de gingembre frais,
    râpé
1 pincée de muscade
Sel et poivre

Thon mi-cuit aux amandes

1 œuf
250 ml (1 tasse) d'amandes moulues
20 ml (4 c. à thé) de gingembre moulu
4 steaks de thon de 2,5 cm (1 po)
    d'épaisseur
Huile d'olive
12 tiges de ciboulette fraîche,
    pour décorer

Émulsion au basilic

60 ml (1/4 tasse) de basilic frais, ciselé
60 ml (1/4 tasse) d'huile d'olive
5 ml (1 c. à thé) de vinaigre de vin
    blanc
60 ml (1/4 tasse) d'eau

Purée de courge

Placer la grille au centre du four. Préchauffer le four
à 180 °C (350 °F).

Couper la courge en deux, sur la longueur et l'épépiner.
Déposer les demi-courges sur une plaque, la partie
bombée vers le haut.

Cuire au four environ 1 heure, selon la grosseur de la
courge. Laisser tiédir. Retirer la chair avec une cuillère et
la réduire en purée avec le beurre, le gingembre et la
muscade. Saler et poivrer. Réserver.

Thon mi-cuit aux amandes

Dans une assiette creuse, battre l'œuf légèrement. Dans
une autre assiette, mélanger les amandes et le gingembre.
Tremper les morceaux de thon dans l'œuf, puis enrober
du mélange d'amandes.

Dans une poêle, griller le thon dans l'huile jusqu'à ce que
la croûte soit dorée des deux côtés. L'intérieur doit
demeurer encore saignant.

Émulsion au basilic

Au mélangeur, réduire tous les ingrédients jusqu'à ce
que le mélange soit onctueux.

Pour servir, garnir le centre de chaque assiette de purée
de courge. Y déposer le thon en angle, sur la purée.
Répartir l'émulsion au basilic tout autour du thon.
Décorer de ciboulette.

ON BOIT QUOI ?

Un joyeux pinot noir
de Californie

Vous pouvez préparer l'émulsion avec une herbe de votre choix, telle que la coriandre ou l'oseille.
Faites-la idéalement à la dernière minute.

recevoir
mollo

Viandes et volailles

Côtelettes d'agneau
sur couscous à la menthe et aux petits pois

TEMPS DE PRÉPARATION
30 MINUTES

TEMPS DE MACÉRATION
2 À 4 HEURES

TEMPS DE CUISSON
8 MINUTES

PORTIONS
3 À 4

Côtelettes d'agneau

60 ml (1/4 tasse) d'huile d'olive
45 ml (3 c. à soupe) de thym frais, effeuillé
Le zeste râpé et le jus d'un citron
12 côtelettes d'agneau, dégraissées
60 ml (1/4 tasse) de farine
1 œuf, battu
180 ml (3/4 tasse) de pistaches, hachées finement au robot
Sel et poivre
45 ml (3 c. à soupe) d'huile d'olive

Couscous

1 oignon, haché finement
1 gousse d'ail, hachée finement
45 ml (3 c. à soupe) d'huile d'olive
250 ml (1 tasse) de petits pois surgelés, décongelés
375 ml (1 1/2 tasse) de couscous
375 ml (1 1/2 tasse) de bouillon de poulet, bouillant
45 ml (3 c. à soupe) de menthe fraîche, ciselée

Émulsion citronnée à la menthe

75 ml (1/3 tasse) d'huile d'olive
15 ml (1 c. à soupe) de jus de citron
1 gousse d'ail, hachée finement
30 ml (2 c. à soupe) de menthe fraîche, ciselée
Sel et poivre

Côtelettes d'agneau

Dans un bol, mélanger l'huile, le thym, le zeste et le jus de citron. Ajouter la viande, mélanger et laisser mariner de 2 à 4 heures au réfrigérateur.

Couscous

Dans une casserole, faire revenir l'oignon et l'ail dans l'huile. Ajouter les petits pois et poursuivre la cuisson 2 minutes. Retirer du feu. Ajouter le couscous et le bouillon. Mélanger. Couvrir et laisser reposer 5 minutes. Défaire les grains à la fourchette. Ajouter la menthe et rectifier l'assaisonnement. Réserver au chaud.

Émulsion citronnée à la menthe

Dans un petit mélangeur ou à l'aide d'un fouet, émulsionner tous les ingrédients. Saler et poivrer.

Placer la grille au centre du four. Préchauffer le four à 180 °C (350 °F).

Égoutter les côtelettes et les fariner. Les tremper dans l'œuf battu puis les enrober de pistaches. Saler et poivrer.

Dans une grande poêle, chauffer l'huile. Ajouter les côtelettes et griller à feu vif pendant 30 secondes de chaque côté. Les déposer sur une plaque et terminer la cuisson au four, de 6 à 7 minutes pour une viande rosée.

Au moment de servir, disposer le couscous au centre des assiettes. Déposer 3 côtelettes dans chaque assiette et arroser de l'émulsion citronnée à la menthe.

ET POUR LE VIN ?
Un cabernet sauvignon
du Chili

Bavette à l'échalote
et frites maison

TEMPS DE PRÉPARATION
10 MINUTES

TEMPS DE MACÉRATION
2 À 4 HEURES

TEMPS DE CUISSON
15 MINUTES

PORTIONS
4

4 steaks de bavette de 150 g (5 oz)
   chacun
Beurre

Marinade

2 gousses d'ail, hachées
3 branches de thym frais, effeuillées
30 ml (2 c. à soupe) d'huile d'olive
250 ml (1 tasse) de vin rouge
Sel et poivre

Sauce à l'échalote

150 ml (2/3 tasse) d'échalotes françaises,
   émincées
150 ml (2/3 tasse) de vin blanc
15 ml (1 c. à soupe) de vinaigre de vin
   blanc
60 ml (1/4 tasse) de beurre froid, en dés
Sel et poivre

Frites maison

Quelques pommes de terre Russet
   (Idaho)
Huile d'arachide, de canola ou d'olive
   non extravierge, pour la friture
Gros sel ou fleur de sel

À l'aide d'un couteau bien tranchant, quadriller un côté de chaque steak de bavette.

Marinade

Dans un grand bol, mélanger l'ail, le thym, l'huile et le vin. Saler et poivrer. Ajouter les bavettes et bien enrober de marinade. Couvrir et faire mariner au réfrigérateur de 2 à 4 heures.

Sauce à l'échalote

Dans une casserole, cuire les échalotes dans le vin et le vinaigre à feu doux pendant environ 5 minutes.

Ajouter le beurre, un dé à la fois, en fouettant. Laisser fondre complètement chaque dé de beurre entre chaque addition. Ne pas laisser bouillir la sauce. Saler et poivrer. Réserver au chaud.

Retirer les bavettes de la marinade. Égoutter. Dans une poêle, saisir les bavettes dans le beurre à feu élevé (voir note ci-dessous). Servir les steaks bleus ou saignants, nappés de sauce à l'échalote et accompagnés de frites maison.

Frites maison

Peler les pommes de terre ou les laver sans les peler. Tailler en bâtonnets. Faire tremper les pommes de terre dans l'eau chaude pendant environ 10 minutes. Égoutter et bien éponger.

Préchauffer l'huile de la friteuse à 180 °C (350 °F). Plonger les pommes de terre dans l'huile, une petite quantité à la fois, et frire pendant 5 minutes. Égoutter et réserver dans une passoire (on peut effectuer cette étape plusieurs heures à l'avance).

Augmenter la chaleur de la friteuse à 190 °C (375 °F). Plonger à nouveau les frites dans l'huile et cuire jusqu'à ce qu'elles soient bien dorées. Égoutter sur du papier absorbant. Saler.

ET POUR LE VIN ?
Un Côtes-Du-Rhône
Villages

La bavette est une coupe classique de la boucherie française. Il faut souvent en faire la demande à son boucher, car elle ne se retrouve pas systématiquement au comptoir des viandes préemballées. C'est l'une des coupes de bœuf à griller les plus économiques. Il faut toutefois la saisir à feu élevé et la servir bleue ou saignante pour qu'elle soit tendre.

Médaillons de porc
aux framboises

TEMPS DE PRÉPARATION
10 MINUTES

TEMPS DE CUISSON
15 MINUTES

PORTIONS
4

2 filets de porc
Farine
15 ml (1 c. à soupe) d'huile d'olive
30 ml (2 c. à soupe) de beurre
1 oignon, haché finement
1 gousse d'ail, hachée finement
5 ml (1 c. à thé) de miel
5 ml (1 c. à thé) de vinaigre de framboise
125 ml (1/2 tasse) de bouillon
    de poulet
250 ml (1 tasse) de framboises fraîches
Sel et poivre

Placer la grille au centre du four. Préchauffer le four à 180 °C (350 °F).

Trancher chaque filet en 6 médaillons. Aplatir légèrement et fariner chaque médaillon.

Dans une poêle allant au four, chauffer l'huile et le beurre. Ajouter les médaillons et dorer pendant environ 1 minute de chaque côté. Saler et poivrer. Réserver.

Dans la même poêle, attendrir l'oignon et l'ail. Ajouter le miel et cuire pendant 1 minute. Déglacer avec le vinaigre. Ajouter le bouillon et 125 ml (1/2 tasse) de framboises. Cuire de 1 à 2 minutes.

Remettre les médaillons dans la poêle. Cuire au four pendant environ 10 minutes. Ajouter le reste des framboises. Rectifier l'assaisonnement.

Au service, napper les médaillons de sauce. Accompagner d'asperges.

UN PEU DE VIN ?

Un beau rouge du Val de Loire se mariera comme un charme au parfum fruité des framboises et à la délicatesse du filet de porc : un Chinon ou un Bourgueil.

124

Côte de bœuf
sauce béarnaise

TEMPS DE PRÉPARATION
15 MINUTES

TEMPS DE CUISSON
ENVIRON 1 H 45

PORTIONS
6 À 8

1 côte de bœuf de 2,3 kg (5 lb)
45 ml (3 c. à soupe) de moutarde de
  Dijon
Sel et poivre

Sauce béarnaise
60 ml (1/4 tasse) de vin blanc sec
45 ml (3 c. à soupe) de vinaigre
  de vin blanc
125 ml (1/2 tasse) d'échalotes françaises,
  hachées finement
15 ml (1 c. à soupe) d'estragon frais,
  ciselé
3 jaunes d'œufs
180 ml (3/4 tasse) de beurre demi-sel,
  fondu et tiédi
Poivre

Placer la grille au centre du four. Préchauffer le four
à 190 °C (375 °F).

Déposer le bœuf dans un plat de cuisson. Répartir la
moutarde sur la viande avec les mains. Saler et poivrer
généreusement et enfoncer un thermomètre à viande
dans la partie la plus épaisse.

Cuire au four pendant 15 minutes, puis réduire
la température à 170 °C (325 °F). Poursuivre la cuisson
environ 1 h 30. Retirer la viande lorsque la température
affichée au thermomètre est de 3 à 4 degrés moindres
que le degré de cuisson désiré, soit : 57 °C (135 °F)
pour une viande saignante, 68 °C (155 °F) pour une
cuisson à point et 77 °C (170 °F) pour un bœuf bien cuit.
Envelopper la viande de papier d'aluminium et laisser
reposer environ 10 minutes avant de trancher.

Sauce béarnaise
Dans une casserole, porter à ébullition le vin, le vinaigre,
les échalotes et l'estragon. Laisser réduire jusqu'à ce qu'il
ne reste que 30 ml (2 c. à soupe) de liquide. Retirer du
feu et laisser tiédir.

Ajouter les jaunes d'œufs et fouetter à feu doux jusqu'à
épaississement.

Retirer du feu. Verser le beurre sur les jaunes d'œufs en
un mince filet en fouettant jusqu'à épaississement.
Rectifier l'assaisonnement. Réserver au chaud.

Trancher le bœuf et servir avec la sauce. Accompagner
d'une salade et de pommes de terre.

UN PEU DE VIN ?
Un rouge
bien charpenté,
un Médoc
par exemple,
sera parfait.

Je vous l'avoue, les mijotés me laissent de glace. La carbonade flamande est l'exception. Il y a un petit côté sucré salé que j'aime beaucoup... avec des pommes de terre en purée.

Carbonade flamande

TEMPS DE PRÉPARATION
15 MINUTES

TEMPS DE CUISSON
2 HEURES

PORTIONS
6 À 8

1,2 kg (2 1/2 lb) de tranches de bœuf dans la ronde
60 ml (1/4 tasse) de farine
45 ml (3 c. à soupe) d'huile végétale
60 ml (1/4 tasse) de beurre
6 oignons, tranchés
2 bouteilles de 341 ml de bière de microbrasserie québécoise (blonde ou rousse)
45 ml (3 c. à soupe) de miel
45 ml (3 c. à soupe) de moutarde de Dijon
30 ml (2 c. à soupe) de vinaigre de vin rouge
2 feuilles de laurier
5 ml (1 c. à thé) de thym séché
Sel et poivre

Placer la grille au centre du four. Préchauffer le four à 190 °C (375 °F).

Fariner le bœuf. Dans une grande casserole allant au four, chauffer l'huile et la moitié du beurre. Ajouter le bœuf et dorer, quelques tranches à la fois. Saler et poivrer. Réserver. Au besoin, nettoyer le fond de la casserole pour en détacher les particules de farine accumulées.

Dans la même casserole, dorer les oignons dans le reste du beurre. Ajouter la viande réservée et le reste des ingrédients. Saler et poivrer. Porter à ébullition.

Cuire au four, à découvert, pendant environ 1 h 45. Rectifier l'assaisonnement. Accompagner d'une bonne purée de légumes.

UN PEU DE VIN ?

Rien de mieux, pour accompagner ce plat, qu'un bon rouge d'appellation Bordeaux Supérieur

Voici une façon simple d'être exotique dans sa cuisine, sans pour autant avoir besoin d'accessoires particuliers. Une grille, du papier d'aluminium, un mélange de bons thés et le tour est joué. Cette vieille technique chinoise permet de fumer le poulet dans des vapeurs de thé épicé, lui donnant ainsi un goût original qui change du sempiternel poulet barbecue.

Poulet fumé au thé

TEMPS DE PRÉPARATION
15 MINUTES

TEMPS DE CUISSON
1 H 20

PORTIONS
4

125 ml (1/2 tasse) de riz à grain long
30 ml (2 c. à soupe) de cassonade
2 étoiles d'anis, moulues
2,5 ml (1/2 c. à thé) de cinq-épices
180 ml (3/4 tasse) de thé vert
 Gunpowder
1 morceau de pelure d'orange
4 poitrines de poulet non désossées
 ou 1 petit poulet
Sel et poivre
Sauce soya

Sauce au thé
1 échalote française, hachée
30 ml (2 c. à soupe) de beurre
30 ml (2 c. à soupe) de farine
5 ml (1 c. à thé) de feuilles de thé
 Earl grey
250 ml (1 tasse) de bouillon de poulet
60 ml (1/4 tasse) de crème 15 %
 à cuisson
Sel et poivre

Placer la grille dans le bas du four. Préchauffer le four à 180 °C (350 °F).

Retirer la grille de la rôtissoire. Tapisser le fond de la rôtissoire avec un papier d'aluminium. Au fond de la rôtissoire, mélanger tous les ingrédients à l'exception du poulet, de la sauce soya, du sel et du poivre. Replacer la grille.

Déposer la rôtissoire dans le four de 10 à 15 minutes, jusqu'à ce que le mélange commence à fumer. Mettre le poulet sur la grille. Saler et poivrer. Couvrir complètement de papier d'aluminium pour obtenir une cuisson hermétique. Cuire au four environ 55 minutes.

Découvrir le poulet et le badigeonner de sauce soya. Poursuivre la cuisson environ 15 minutes ou jusqu'à ce que le jus qui s'écoule du poulet soit clair. Le temps de cuisson sera plus long si le poulet est entier. Accompagner le poulet de sauce au thé.

Sauce au thé
Dans une petite casserole, attendrir l'échalote dans le beurre. Saupoudrer la farine, mélanger et cuire pendant environ 1 minute. Ajouter le thé et le bouillon de poulet. Cuire en fouettant jusqu'à épaississement. Ajouter la crème et laisser réduire 1 minute. Saler et poivrer.

ON BOIT QUOI ?
À la suggestion du sommelier Alain Bélanger, un Graves blancs (Bordeaux) ou un sauvignon blanc californien

129

Ris de veau au cinq-épices

TEMPS DE PRÉPARATION
20 MINUTES

TEMPS DE CUISSON
15 MINUTES

PORTIONS
4

850 g (1 3/4 lb) de ris de veau
125 ml (1/2 tasse) de farine
90 ml (6 c. à soupe) de gras de canard
    ou de beurre
1 échalote française, hachée finement
2 gousses d'ail, hachées
15 ml (1 c. à soupe) de cinq-épices
15 ml (1 c. à soupe) de miel
5 ml (1 c. à thé) de vinaigre de vin
    blanc
250 ml (1 tasse) de muscat

Dans une casserole d'eau salée frémissante, pocher les ris de veau pendant 5 minutes, puis les plonger dans l'eau glacée. Bien égoutter. Retirer la membrane, les veinules et la graisse qui les recouvrent. Couper chaque ris de veau en morceaux ou en fines escalopes. Fariner.

Dans une poêle, chauffer 30 ml (2 c. à soupe) de gras de canard. Y dorer les morceaux de ris de veau. Saler et poivrer. Réserver au chaud. Répéter avec le reste des ris de veau et 30 ml (2 c. à soupe) de gras de canard.

Dans la même poêle, dorer l'échalote, l'ail et le cinq-épices dans le reste du gras de canard. Ajouter le miel et laisser caraméliser pendant 1 minute. Déglacer avec le vinaigre, puis avec le muscat. Laisser réduire jusqu'à consistance sirupeuse. Ajouter les ris de veau. Rectifier l'assaisonnement.

Accompagner de purée de céleri-rave aux épinards (recette p. 78).

UN PEU DE VIN ?
Le sommelier
Alain Bélanger suggère
deux choix somptueux
venus de Bourgogne :
un Meursault ou un
Corton-Charlemagne.

Le gras de canard s'achète dans les boucheries et les épiceries fines. Je l'accumule d'une cuisson à l'autre et je le conserve dans des contenants hermétiques au congélateur. Ainsi récupéré, vous pouvez confire du canard, des filets de porc ou des cuisses de dinde toute l'année dans le même gras. Il faut simplement filtrer l'huile encore chaude. Je vous dirais même que le confit est meilleur d'une fois à l'autre, le gras étant plus parfumé.

Confit de dinde

TEMPS DE PRÉPARATION
10 MINUTES

TEMPS D'ATTENTE
24 HEURES

TEMPS DE CUISSON
3 HEURES

PORTIONS
6

Sel aromatisé

60 ml (1/4 tasse) de gros sel
2 feuilles de laurier, en morceaux
4 baies de genièvre
30 ml (2 c. à soupe) de graines de coriandre
1 branche de thym frais, effeuillée
10 ml (2 c. à thé) de grains de poivre rose
2 clous de girofle

2 cuisses de dinde d'environ 1 kg (2 lb) chacune
2 litres (8 tasses) de gras de canard, environ

Sel aromatisé

Dans un bol, mélanger le gros sel, le laurier, les baies de genièvre, les graines de coriandre, le thym, le poivre et les clous de girofle.

Déposer les cuisses de dinde dans une grande casserole. Saupoudrer chaque cuisse de 20 ml (4 c. à thé) de sel aromatisé. Couvrir et laisser reposer 24 heures au réfrigérateur.

Placer la grille au centre du four. Préchauffer le four à 140 °C (275 °F).

Rincer et éponger les cuisses de dinde. Nettoyer la casserole et y remettre la volaille.

Dans une autre casserole, faire fondre le gras de canard à feu doux. Verser sur la dinde, pour bien couvrir.

Couvrir et cuire au four pendant environ 3 heures, jusqu'à ce que la viande se détache aisément de l'os.

Désosser les cuisses de dinde et servir sur un mesclun (un mélange de jeunes laitues) arrosé d'une vinaigrette toute simple comme ma vinaigrette française (recette p. 71).

ET POUR LE VIN ?

Un malbec d'Argentine

Comme le confit de canard, le confit de dinde se congèle sans problème et se conserve environ une semaine au réfrigérateur, dans son gras de cuisson.

Poulet à l'indienne

TEMPS DE PRÉPARATION
15 MINUTES

TEMPS DE CUISSON
12 MINUTES

PORTIONS
4

45 ml (3 c. à soupe) d'huile d'olive

2 oignons, hachés

3 gousses d'ail, hachées

15 ml (1 c. à soupe) de gingembre frais,
    haché

5 ml (1 c. à thé) de cumin moulu

5 ml (1 c. à thé) de poudre de cari
    moyen

454 g (1 lb) de poitrines de poulet
    désossées et sans la peau, coupées
    en cubes de 2,5 cm (1 po)

Sel et poivre

250 ml (1 tasse) de lait de coco

2 tomates italiennes, pelées, épépinées
    et coupées en dés

60 ml (1/4 tasse) de coriandre fraîche,
    ciselée

Dans une poêle, chauffer l'huile. Y dorer les oignons et l'ail avec le gingembre, le cumin et le cari. Ajouter le poulet et cuire 5 minutes à feu élevé, en remuant. Saler et poivrer.

Ajouter le lait de coco et les tomates. Poursuivre la cuisson 5 minutes. Ajouter la coriandre. Rectifier l'assaisonnement.

Servir avec du riz basmati ou *biryani*.

ON BOIT QUOI ?

Un beau vin blanc plein
de soleil : viognier du
Languedoc ou du Rhône ou
gewurztraminer d'Alsace

Riz biryani

TEMPS DE PRÉPARATION
25 MINUTES

TEMPS DE CUISSON
30 MINUTES

PORTIONS
4 À 6

2 oignons, tranchés

45 ml (3 c. à soupe) d'huile d'olive

4 gousses d'ail, hachées

250 ml (1 tasse) de riz basmati

7 ml (1 1/2 c. à thé) de cari

15 ml (1 c. à soupe) de gingembre frais,
    râpé

500 ml (2 tasses) de bouillon de poulet

375 ml (1 1/2 tasse) de petits bouquets
    de chou-fleur

75 ml (1/3 tasse) de carotte, coupée en
    petits cubes

75 ml (1/3 tasse) de petits pois surgelés

75 ml (1/3 tasse) de raisins secs

75 ml (1/3 tasse) de pistaches entières

Sel et poivre

Dans une casserole, cuire doucement les oignons dans l'huile jusqu'à ce qu'ils soient dorés. Ajouter l'ail et poursuivre la cuisson 2 minutes. Ajouter le riz, le cari et le gingembre. Bien mélanger. Ajouter le reste des ingrédients et mélanger.

Porter à ébullition. Réduire le feu au minimum. Couvrir et cuire environ 20 minutes sans remuer. Le liquide devrait être complètement absorbé. Retirer du feu et servir.

Je me souviens encore du déménagement dans notre première maison. Il n'était pas question que nos amis réquisitionnés pour l'événement soient appâtés avec de la bière et de la pizza. Le soir précédent le déménagement, pendant que nous terminions les boîtes, Brigitte et moi avons fait cuire un osso bucco. Après le déménagement, nous nous sommes tous retrouvés autour de la table avec le mijoté fumant et quelques bouteilles de rouge. Je n'oublierai jamais les parfums de cette soirée.

Osso bucco

TEMPS DE PRÉPARATION
30 MINUTES

TEMPS DE CUISSON
2 HEURES

PORTIONS
4

Farine
4 tranches de jarret de veau d'environ 5 cm (2 po) d'épaisseur
Huile d'olive
2 oignons, hachés
375 ml (1 1/2 tasse) de vin blanc sec
1 boîte de 540 ml (19 oz) de tomates
2 branches de céleri, hachées
2 carottes, hachées
4 gousses d'ail, hachées
30 ml (2 c. à soupe) de pâte de tomates
250 ml (1 tasse) de bouillon de bœuf
1 feuille de laurier
5 ml (1 c. à thé) de thym séché
Sel et poivre

Gremolata

Le zeste râpé de 2 citrons
60 ml (1/4 tasse) de persil frais, ciselé
1 gousse d'ail, hachée finement
Poivre

Placer la grille au centre du four. Préchauffer le four à 180 °C (350 °F).

Fariner les tranches de veau. Dans une grande casserole, faire dorer le veau dans l'huile, des deux côtés. Saler et poivrer. Retirer de la casserole et réserver.

Essuyer la casserole avec du papier absorbant. Ajouter de l'huile au besoin et y cuire les oignons jusqu'à tendreté, sans laisser prendre couleur. Déglacer au vin blanc.

Ajouter les tomates, la viande et le reste des ingrédients. Saler légèrement et poivrer.

Porter à ébullition, couvrir et cuire au four pendant 45 minutes. Réduire la température du four à 160 °C (325 °F) et poursuivre la cuisson environ 1 heure. Rectifier l'assaisonnement.

Accompagner de *gremolata*, d'*orzo* et de rubans de courgettes.

Gremolata
Dans un bol, mélanger tous les ingrédients.

ET POUR LE VIN ?
Un généreux rouge italien, tel un Barolo

135

Suprêmes de poulet
farcis à la ricotta et aux tomates séchées

TEMPS DE PRÉPARATION
30 MINUTES

TEMPS DE CUISSON
15 MINUTES

PORTIONS
4

60 ml (1/4 tasse) de tomates séchées dans l'huile, égouttées et hachées finement

125 ml (1/2 tasse) de ricotta

1 blanc d'œuf

60 ml (1/4 tasse) de basilic frais, ciselé

1 oignon vert, haché finement

4 demi-poitrines de poulet désossées et sans la peau

4 grandes tranches de prosciutto

15 ml (1 c. à soupe) de beurre

15 ml (1 c. à soupe) d'huile d'olive

Pâtes aux tomates et au fromage

375 g (3/4 lb) de tagliatelle

125 ml (1/2 tasse) de ricotta

30 ml (2 c. à soupe) d'huile d'olive

3 tomates italiennes, épépinées, coupées en dés

60 ml (1/4 tasse) de persil plat frais, ciselé

125 ml (1/2 tasse) de bouillon de poulet

Sel et poivre

Placer la grille au centre du four. Préchauffer le four à 190 °C (375 °F).

Dans un bol, mélanger les tomates séchées, la ricotta, le blanc d'œuf, le basilic et l'oignon vert.

Sur un plan de travail, ouvrir les demi-poitrines en portefeuille. Pour ce faire, trancher chaque demi-poitrine en deux sur l'épaisseur sans les séparer complètement, puis les ouvrir à la manière d'un livre. Répartir la farce aux tomates séchées au centre de chaque demi-poitrine. Refermer les demi-poitrines sur elles-mêmes. Envelopper d'une tranche de *prosciutto* et fixer avec un cure-dent.

Dans une poêle allant au four, chauffer le beurre et l'huile. Ajouter le poulet et dorer de tous les côtés. Cuire au four de 5 à 6 minutes ou jusqu'à ce que le poulet soit cuit.

Pâtes aux tomates et au fromage

Entre-temps, cuire les pâtes dans l'eau bouillante salée. Égoutter en réservant un peu d'eau de cuisson. Remettre les pâtes dans la casserole. Ajouter le reste des ingrédients. Ajouter un peu d'eau de cuisson des pâtes dans la casserole pour mouiller au besoin. Saler et poivrer. Bien mélanger.

Servir le poulet avec les pâtes.

ET POUR LE VIN ?

Un Italien classique
comme un Valpolicella
Classico Superiore

Carré de veau
à la provençale

TEMPS DE PRÉPARATION
15 MINUTES

TEMPS DE CUISSON
1 H 30

PORTIONS
6

10 gousses d'ail, hachées

60 ml (1/4 tasse) de beurre, ramolli

1 carré de veau de lait de 6 côtes
    d'environ 2 kg (4 lb), paré (voir
    note ci-dessous)

12 tomates italiennes, pelées,
    épépinées, coupées en deux

12 oignons cipollinis (petits oignons
    italiens très doux) ou
    24 petits oignons à mariner, pelés

3 courgettes, coupées en dés

1 branche de thym frais, effeuillée

1 branche de romarin frais, effeuillée

3 feuilles de laurier

250 ml (1 tasse) de bouillon de poulet

125 ml (1/2 tasse) de vin blanc

30 ml (2 c. à soupe) de persil plat frais,
    ciselé

Sel et poivre

Placer la grille au centre du four. Préchauffer le four à 230 °C (450 °F).

Dans un petit bol, mélanger 2 des gousses d'ail avec le beurre. Étaler sur la viande. Saler et poivrer généreusement. Réserver.

Placer le reste des ingrédients, sauf le persil, dans un plat de cuisson de 33 x 23 cm (13 x 9 po).
Saler et poivrer. Déposer la viande sur les légumes.

Cuire pendant 15 minutes, puis réduire la température du four à 190 °C (375 °F) et poursuivre la cuisson pendant environ 1 h 15. Retirer le carré du four lorsque le thermomètre à viande indique 63 °C (145 °F).

Retirer la viande du plat de cuisson, l'envelopper de papier d'aluminium et laisser reposer pendant 15 minutes. Parsemer les légumes de persil. Réserver au chaud. Trancher et servir nappé du mélange de légumes et de bouillon.

ET POUR LE VIN ?

Vous apprécierez la finesse de ce carré de veau en l'harmonisant à un Côtes de Provence rouge.

Le carré de veau est une coupe de viande délicieuse, mais coûteuse. Commandez-le à votre boucher et demandez-lui de le parer et de scier l'os sous les côtes. Vous pouvez aussi réaliser cette recette avec un carré de porc, plus abordable. Pour le porc, notez toutefois que la température interne recommandée est de 70 °C (158 °F).

Rôti de porc
aux pommes et à l'érable

TEMPS DE PRÉPARATION
20 MINUTES

TEMPS DE CUISSON
1 HEURE

PORTIONS
6

Farine
1 rôti de longe de porc de 1,2 kg
(2 1/2 lb)
45 ml (3 c. à soupe) de beurre
45 ml (3 c. à soupe) de sirop d'érable
1 oignon
45 ml (3 c. à soupe) de moutarde de
Dijon
250 ml (1 tasse) de vin blanc
3 pommes Cortland, pelées, épépinées
et coupées en quartiers
250 ml (1 tasse) de bouillon de poulet
2,5 ml (1/2 c. à thé) d'estragon séché
1 feuille de laurier
60 ml (1/4 tasse) de crème 35 %
à cuisson
Sel et poivre

Placer la grille au centre du four. Préchauffer le four à 180 °C (350 °F). Fariner le rôti de tous les côtés.

Dans une casserole, faire fondre le beurre. Ajouter le rôti et le faire dorer de tous les côtés. Ajouter le sirop d'érable et laisser caraméliser de 2 à 3 minutes. Retirer le rôti de la casserole. Réserver.

Dans la même casserole, faire dorer l'oignon. Remettre le rôti dans la casserole et le badigeonner de moutarde de Dijon. Ajouter le vin et laisser réduire pendant 2 minutes. Ajouter les pommes, le bouillon, l'estragon et la feuille de laurier. Saler et poivrer. Porter à ébullition.

Cuire au four environ 45 minutes, ou jusqu'à ce que la température interne prise au thermomètre soit de 3 à 4 degrés de moins que la température de service recommandée (70 °C/158 °F). Retirer le rôti de la casserole et le couvrir de papier d'aluminium. Laisser reposer 10 minutes sur le comptoir.

Entre-temps, remettre la casserole sur le feu. Verser la crème dans la casserole en remuant et porter à ébullition. Laisser réduire de moitié. Rectifier l'assaison-nement. Découper le rôti en fines tranches, napper de sauce et accompagner d'une bonne purée de légumes (recette page 78).

UN PEU DE VIN ?

Le porc et les pommes feront très bon ménage avec un vin blanc comme le chardonnay australien et iront aussi fort bien avec un rouge léger.

Gigot d'agneau
au vin rouge et aux herbes

TEMPS DE PRÉPARATION
15 MINUTES

TEMPS DE MACÉRATION
24 HEURES

TEMPS DE CUISSON
40 MINUTES

PORTIONS
4

Marinade

250 ml (1 tasse) de vin rouge
15 ml (1 c. à soupe) de vinaigre de
*   vin rouge*
15 ml (1 c. à soupe) de whisky
45 ml (3 c. à soupe) d'huile végétale
15 ml (1 c. à soupe) de miel
15 ml (1 c. à soupe) de moutarde
*   de Dijon*
2 échalotes françaises, hachées
*   finement*
3 gousses d'ail, pelées et écrasées
1 branche de thym frais
3 feuilles de sauge fraîche
Sel et poivre

Gigot

1 gigot d'agneau désossé de 1 kg (2 lb),
*   non ficelé*
1 branche de romarin frais
1 échalote française, hachée finement
15 ml (1 c. à soupe) de beurre
250 ml (1 tasse) de demi-glace

Dans un grand bol, mélanger tous les ingrédients de la marinade. Y déposer le gigot, couvrir et laisser mariner 24 heures au réfrigérateur.

Placer la grille au centre du four. Préchauffer le four à 200 °C (400 °F).

Retirer le gigot de la marinade. Réserver la moitié de la marinade et jeter le reste. Placer la branche de romarin sur la face intérieure du gigot. Refermer le gigot, le ficeler et le déposer dans un plat de cuisson allant au four. Verser la marinade réservée sur le gigot. Saler et poivrer.

Cuire au four 15 minutes, puis réduire la température du four à 190 °C (375 °F). Poursuivre la cuisson pendant environ 25 minutes. Retirer la viande lorsque le thermomètre à viande indique 63 °C (145 °F).

Retirer le gigot du plat de cuisson. Envelopper de papier d'aluminium et déposer sur une planche à découper. Laisser reposer de 10 à 15 minutes. Le thermomètre devrait grimper autour de 68 °C (155 °F), pour une viande rosée.

Passer le jus de cuisson au tamis. Réserver.

Dans une poêle, faire revenir l'échalote dans le beurre. Ajouter le jus de cuisson du gigot et laisser réduire jusqu'à consistance sirupeuse. Ajouter la demi-glace et cuire pendant 1 minute. Rectifier l'assaisonnement.

Trancher le gigot et napper de sauce. Servir avec les légumes oubliés caramélisés (recette p. 75).

(recette p. 75)

ET POUR LE VIN ?
Un beau rouge tout
en puissance
sera excellent.
Pourquoi pas un
Châteauneuf-Du-Pape
ou un Gigondas ?

Scaloppine de veau
à la thaïlandaise

TEMPS DE PRÉPARATION
20 MINUTES

TEMPS DE CUISSON
15 MINUTES

PORTIONS
4

Sauce

180 ml (3/4 tasse) de crème 15 %
à cuisson
30 ml (2 c. à soupe) de noix de coco
râpée non sucrée
15 ml (1 c. à soupe) de jus de lime
60 ml (1/4 tasse) de coriandre fraîche,
ciselée
Sel et poivre

Pâtes

200 g (7 oz) de nouilles soba (voir note
ci-dessous)
45 ml (3 c. à soupe) d'huile de sésame
non grillé
125 ml (1/2 tasse) de pois mange-tout,
coupés en julienne
1/2 poivron rouge, coupé en julienne
30 ml (2 c. à soupe) de graines de
sésame noires ou blanches, grillées
Sel et poivre

Scaloppine

12 scaloppine (petites escalopes de
veau très fines)
2 œufs, battus
250 ml (1 tasse) d'arachides non salées,
hachées finement au robot
60 ml (1/4 tasse) d'huile d'arachide
Sel et poivre

Sauce

Dans une petite casserole, porter la crème, la noix
de coco et le jus de lime à ébullition. Laisser réduire
de moitié. Ajouter la coriandre. Saler et poivrer.
Réserver au chaud.

Pâtes

Cuire les nouilles dans l'eau bouillante salée de 4 à
5 minutes. Égoutter et réserver.

Dans une poêle, chauffer l'huile de sésame. Ajouter les
pois mange-tout, le poivron et faire revenir pendant
2 minutes. Dans un bol, mélanger les nouilles, les
légumes et les graines de sésame. Saler et poivrer.
Réserver au chaud.

Scaloppine

Saler et poivrer les scaloppines. Les plonger dans les
œufs battus, puis enrober d'arachides.

Dans une poêle, chauffer l'huile. Ajouter les scaloppines,
quelques-unes à la fois, et faire dorer des deux côtés.

Accompagner les scaloppines de pâtes et de sauce.

ET POUR LE VIN ?

Pour un agréable
contraste avec
les épices thaies,
le sommelier
Alain Bélanger suggère
d'accompagner les
scaloppine d'un
gewurztraminer
d'Alsace.

Les nouilles soba sont des pâtes à base de sarrasin très populaires dans plusieurs pays d'Asie. Chez
nous, on les trouve dans les épiceries asiatiques, dans un nombre croissant de supermarchés et
dans les magasins de produits naturels. On les reconnaît à leur couleur brunâtre. En été, j'aime bien
les servir froides avec de la sauce soya, de l'huile de sésame et une julienne de poivrons rouges,
d'oignons verts et de pois mange-tout.

Hachis parmentier au canard

TEMPS DE PRÉPARATION
40 MINUTES

TEMPS DE CUISSON
3 H 20

PORTIONS
6

1 canard d'environ 2,5 kg (5,5 lb)

500 ml (2 tasses) de vin rouge

250 ml (1 tasse) de fond de canard ou de bouillon de poulet

1 oignon, coupé grossièrement

4 gousses d'ail, pelées et coupées en 4

2 branches de thym

1 feuille de laurier

Sel et poivre

1 oignon, haché finement

15 ml (1 c. à soupe) de beurre

15 ml (1 c. à soupe) de chapelure

15 ml (1 c. à soupe) de parmigiano reggiano frais, râpé

15 ml (1 c. à soupe) de ciboulette fraîche, ciselée

Purée de pommes de terre

1,5 litre (6 tasses) de pommes de terre Yukon Gold, pelées et coupées en morceaux (environ 9 pommes de terre moyennes)

125 ml (1/2 tasse) de cheddar fort, râpé

30 ml (2 c. à soupe) de beurre

180 ml (3/4 tasse) de lait, environ

1 jaune d'œuf

15 ml (1 c. à soupe) de persil plat frais, ciselé

Sel et poivre

Placer la grille au centre du four. Préchauffer le four à 180 °C (350 °F).

Placer le canard dans une grande casserole et couvrir d'eau. Porter à ébullition. Réduire le feu et laisser mijoter 30 minutes.

Égoutter et remettre le canard dans la casserole. Ajouter le vin, le fond de canard, l'oignon, l'ail, le thym et le laurier. Saler et poivrer. Cuire au four pendant environ 2 h 30, ou jusqu'à ce que le thermomètre à viande indique 82 °C (180 °F).

Retirer le canard de la casserole et le laisser tiédir. Passer le jus de cuisson au tamis. Jeter l'ail, l'oignon et les herbes. Laisser le gras remonter à la surface du jus de cuisson ; dégraisser. On doit obtenir 375 ml (1 1/2 tasse) de jus dégraissé.

Désosser le canard et couper la viande en petits morceaux. Réserver.

Purée de pommes de terre

Une demi-heure avant la fin de la cuisson, cuire les pommes de terre dans l'eau bouillante salée. Bien égoutter et réduire en purée avec le fromage, le beurre, le lait, l'œuf et le persil. Saler et poivrer. Réserver au chaud.

Montage

Dans une casserole, faire revenir l'oignon haché dans le beurre. Ajouter le canard et son jus de cuisson. Rectifier l'assaisonnement.

Mettre la préparation de canard dans un plat de cuisson de 33 x 23 cm (13 x 9 po) ou dans 6 ramequins de 13 cm (5 po) de diamètre. Couvrir de purée. Saupoudrer de chapelure et de parmesan. Cuire au four pendant 15 minutes, puis dorer sous le gril (broil). Parsemer de ciboulette ciselée et servir.

UN PEU DE VIN ?
Pourquoi pas un bon zinfandel californien ?

Plusieurs recettes, comme celle-ci, requièrent de la demi-glace. C'est une sauce qui, grosso modo, est la réduction d'un fond brun qui a mijoté environ 15 heures. On l'utilise pour donner du corps à une sauce. Sa très longue préparation fait en sorte que peu de gens la préparent à la maison. La demi-glace du commerce est une option intéressante. Attention cependant à la qualité, qui varie beaucoup d'une demi-glace à une autre. Le meilleur choix est la demi-glace maison vendue dans les boucheries ou les épiceries fines. J'ai testé la demi-glace en enveloppe de plusieurs marques. La Knorr, bien que salée, s'en tire assez bien.

Steaks de cerf
sauce aux cèpes et aux noisettes grillées

TEMPS DE PRÉPARATION
10 MINUTES

TEMPS D'ATTENTE
20 MINUTES

TEMPS DE CUISSON
15 MINUTES

PORTIONS
4

250 ml (1 tasse) de cèpes déshydratés (environ 2 sachets de 20 g/ 3/4 oz)
15 ml (1 c. à soupe) d'huile végétale
45 ml (3 c. à soupe) de beurre
4 steaks de cerf
Sel et poivre
1 échalote française, hachée
1 gousse d'ail, hachée
60 ml (1/4 tasse) de noisettes grillées, hachées
5 ml (1 c. à thé) de miel
5 ml (1 c. à thé) de vinaigre de vin rouge
60 ml (1/4 tasse) de vin rouge
250 ml (1 tasse) de demi-glace

Placer les champignons dans un bol et les couvrir de 250 ml (1 tasse) d'eau bouillante. Laisser reposer pendant environ 20 minutes. Égoutter. Réserver l'eau de trempage.

Dans une poêle, chauffer l'huile et 15 ml (1 c. à soupe) de beurre. Ajouter les steaks et cuire à feu élevé, jusqu'au degré de cuisson désiré. Saler et poivrer. Réserver au chaud.

Remettre 15 ml (1 c. à soupe) de beurre dans la poêle et faire dorer l'échalote et l'ail. Ajouter les noisettes et les champignons. Poursuivre la cuisson 2 minutes. Saler et poivrer.

Ajouter le miel et le vinaigre. Déglacer avec le vin et l'eau de trempage des champignons. Laisser réduire des trois quarts. Ajouter la demi-glace. Porter à ébullition. Retirer du feu. Ajouter le reste du beurre. Rectifier l'assaisonnement.

Placer les steaks sur quatre assiettes et napper de sauce. Accompagner d'une purée de légumes (recettes p. 78).

ET POUR LE VIN ?
Vous ferez honneur à cette belle viande rouge avec un somptueux Bordeaux comme un Lalande-De-Pomerol ou un Pomerol.

145

Poulet à l'américaine

TEMPS DE PRÉPARATION
15 MINUTES

TEMPS DE CUISSON
1 H À 1 H 30

PORTIONS
4

6 tranches de bacon, hachées finement
1 litre (4 tasses) de champignons de Paris, coupés en quartiers
4 tomates italiennes, épépinées et coupées en dés
Sel et poivre
2 petits ou 1 gros poulet
60 ml (1/4 tasse) de beurre, ramolli
30 ml (2 c. à soupe) de moutarde de Dijon
60 ml (1/4 tasse) de chapelure
30 ml (2 c. à soupe) de paprika

Placer la grille au centre du four. Préchauffer le four à 190 °C (375 °F). Tapisser de papier parchemin une plaque de cuisson à bords hauts.

Dans une poêle, dorer le bacon. Ajouter les champignons et sauter jusqu'à ce qu'ils aient rendu leur jus. Retirer du feu et ajouter les tomates. Saler et poivrer. Réserver.

Sur une planche à découper, ouvrir le poulet en crapaudine. Pour ce faire, placer le poulet sur le dos, enfoncer un couteau du chef au centre et fendre les os du dos. On peut aussi demander au boucher de le faire.

Placer le poulet (ou les poulets) à plat, sur la plaque de cuisson. Y étendre le beurre et la moutarde, puis saupoudrer de chapelure et de paprika. Saler et poivrer.

Cuire au four pendant environ 50 minutes pour des petits poulets et entre 1 h et 1 h 15 pour un gros poulet. Ajouter la garniture de champignons autour du poulet et poursuivre la cuisson pendant environ 15 minutes ou jusqu'à ce qu'un thermomètre à viande indique 82 °C (180 °F).

Découper le poulet et servir avec la garniture de champignons, du riz ou des pommes de terre en purée.

ET POUR LE VIN ?
Un rouge léger : cru du Beaujolais tel qu'un Fleurie ou un Morgon

Magrets de canard
à la vodka et aux canneberges

TEMPS DE PRÉPARATION
10 MINUTES

TEMPS DE CUISSON
25 MINUTES

PORTIONS
4

2 magrets de canard

2 échalotes françaises, hachées finement

125 ml (1/2 tasse) de canneberges séchées

75 ml (1/3 tasse) de vodka

Le jus de 2 oranges

180 ml (3/4 tasse) de canneberges fraîches ou surgelées

250 ml (1 tasse) de demi-glace

Sel et poivre

Placer la grille au centre du four. Préchauffer le four à 180 °C (350 °F).

À l'aide d'un couteau bien aiguisé, quadriller le gras de chaque magret, sans couper la viande. Dans une poêle allant au four, dorer les magrets, côté gras en dessous, pendant environ 10 minutes à feu doux. Saler et poivrer. Retirer le surplus de gras de la poêle. Retourner les magrets et cuire au four pendant environ 7 minutes, pour une viande rosée. Réserver.

Dans la même poêle, attendrir les échalotes et les canneberges séchées. Déglacer avec la vodka et laisser réduire jusqu'aux trois quarts. Ajouter le jus d'orange et les canneberges fraîches. Cuire pendant 2 minutes. Ajouter la demi-glace. Porter à ébullition et rectifier l'assaisonnement.

Trancher les magrets, napper de sauce et servir avec les légumes oubliés caramélisés (recette p. 75).

ET POUR LE VIN ?

Les magrets de canard et ses petits fruits seront en parfaite harmonie avec un rouge de Bourgogne.

Se sucrer le bec

« Moi aussi j'suis capable, papa ! »

CLÉMENCE, 4 ANS

Desserts

Éclairs aux deux chocolats

TEMPS DE PRÉPARATION
1 HEURE

TEMPS DE CUISSON
1 HEURE

TEMPS D'ATTENTE
3 À 4 HEURES

PORTIONS
8

Pâte à choux

125 ml (1/2 tasse) d'eau
60 ml (1/4 tasse) de beurre
    non salé
125 ml (1/2 tasse) de farine
2 œufs

Crème pâtissière

60 ml (1/4 tasse) de sucre
5 ml (1 c. à thé) d'extrait de vanille
2 œufs
30 ml (2 c. à soupe) de farine
250 ml (1 tasse) de lait, chaud
120 g (4 oz) de chocolat blanc,
    haché
90 g (3 oz) de chocolat mi-sucré,
    fondu

Pâte à choux

Dans une casserole, porter l'eau et le beurre à ébullition. Retirer du feu. Ajouter la farine d'un seul coup et brasser vigoureusement à la cuillère de bois jusqu'à ce que la pâte forme une boule et se détache des parois.

Retirer du feu et laisser tiédir quelques minutes. Ajouter les œufs, un à la fois, en battant énergiquement entre chaque addition, jusqu'à ce que la pâte soit lisse et homogène.

Placer la grille au centre du four. Préchauffer le four à 190 °C (375 °F). Beurrer une plaque de cuisson et la tapisser de papier parchemin.

À l'aide d'une poche à pâtisserie remplie de pâte à choux, former sur la plaque des éclairs d'environ 7,5 cm (3 po) de longueur.

Cuire au four jusqu'à ce que les éclairs soient dorés, soit environ 30 minutes. Ouvrir les éclairs sur la longueur afin que la vapeur puisse s'en échapper, puis les remettre au four quelques instants pour les faire sécher légèrement. Sortir du four et laisser tiédir.

Crème pâtissière

Dans une casserole hors du feu, fouetter le sucre, la vanille et les œufs jusqu'à ce que le mélange blanchisse. Ajouter la farine et fouetter jusqu'à ce que la préparation soit lisse et homogène. Ajouter le lait chaud et le chocolat blanc. Remuer à feu doux jusqu'à épaississement.

Retirer du feu et couvrir d'une pellicule de plastique. Réfrigérer pendant 3 à 4 heures.

À l'aide d'une poche à pâtisserie, fourrer les éclairs. À l'aide d'une cuillère, napper le dessus des éclairs d'un peu de chocolat mi-sucré fondu. Réfrigérer.

Panna cotta
et coulis de fraises

TEMPS DE PRÉPARATION
10 MINUTES

TEMPS DE CUISSON
10 MINUTES

TEMPS D'ATTENTE
6 HEURES

PORTIONS
6

1 gousse de vanille
750 ml (3 tasses) de crème 15 %
   à cuisson
125 ml (1/2 tasse) de sucre
1 enveloppe + 5 ml (1 c. à thé)
   de gélatine
45 ml (3 c. à soupe) d'eau froide
Huile de canola
750 ml (3 tasses) de fraises,
   coupées en quartiers
75 ml (1/3 tasse) de sucre
Feuilles de menthe fraîche,
   pour décorer

Ouvrir la gousse de vanille en deux sur la longueur. Avec la pointe d'un couteau, gratter les graines à l'intérieur de la gousse. Dans une casserole, déposer la gousse et ses graines, la crème et le sucre. Laisser mijoter très doucement 5 minutes. Retirer du feu et laisser tiédir. Retirer la gousse.

Dans un bol, faire gonfler la gélatine dans l'eau froide 5 minutes. Ajouter un peu de crème chaude pour faire fondre la gélatine complètement. Incorporer ensuite la gélatine fondue au mélange de crème.

Huîler légèrement 6 ramequins d'une contenance de 125 ml (1/2 tasse). Verser la préparation dans les ramequins. Réfrigérer 6 heures.

Dans le bol du robot culinaire, réduire les fraises et le sucre en purée.

Démouler chaque *panna cotta* sur une assiette en passant un couteau tout autour et en déposant le dessous des ramequins dans l'eau tiède. Encercler de coulis et décorer de menthe.

155

Tarte aux deux citrons

TEMPS DE PRÉPARATION
25 MINUTES

TEMPS D'ATTENTE
1 HEURE

TEMPS DE CUISSON
55 MINUTES

PORTIONS
8

Pâte brisée

180 ml (3/4 tasse) de farine

1 ml (1/4 c. à thé) de sel

30 ml (2 c. à soupe) de cassonade, tassée

75 ml (1/3 tasse) de beurre non salé, très froid, coupé en morceaux

15 ml (1 c. à soupe) de graisse végétale, très froide, coupée en morceaux

De 15 à 30 ml (1 à 2 c. à soupe) d'eau glacée

Garniture

2 citrons

2 limes

180 ml (3/4 tasse) de sucre

45 ml (3 c. à soupe) de farine

2 œufs

60 ml (1/4 tasse) de beurre non salé, fondu

Pâte brisée

Dans le bol du robot culinaire, mélanger la farine, le sel et la cassonade. Ajouter le beurre, la graisse et actionner de façon intermittente pendant quelques secondes jusqu'à ce que le mélange ait une texture granuleuse. Ajouter l'eau et actionner jusqu'à ce qu'une boule commence à se former. Retirer la pâte. Former une boule avec les mains. La fariner puis l'envelopper d'une pellicule de plastique. Laisser reposer environ 30 minutes au réfrigérateur.

Placer la grille dans le bas du four. Préchauffer le four à 190 °C (375 °F).

Abaisser la pâte et foncer une assiette à tarte de 23 cm (9 po), idéalement à fond amovible. Réfrigérer 30 minutes. Piquer la pâte avec une fourchette et la tapisser de papier d'aluminium. Couvrir de pois secs et cuire au four pendant 25 minutes.

Garniture

Râper finement le zeste d'un citron et d'une lime. Réserver. Presser le jus de tous les agrumes. Réserver.

Dans un bol, fouetter le sucre, la farine et les œufs jusqu'à ce que le mélange soit lisse et homogène. Ajouter le beurre en fouettant, puis le zeste et le jus des agrumes.

Verser sur la croûte et cuire au four pendant environ 30 minutes. Si désiré, dorer la tarte dans le haut du four sous le gril (broil).

Retirer la tarte du four, laisser tiédir et placer au réfrigérateur. Refroidir complètement avant de servir.

ON BOIT QUOI ?

Si vous souhaitez servir du vin avec ce dessert, le sommelier Alain Bélanger suggère une délicieuse liqueur de citron venue d'Italie, la Limoncello Di Leva.

Gâteau au café

TEMPS DE PRÉPARATION
40 MINUTES

TEMPS DE CUISSON
35 À 40 MINUTES

PORTIONS
10

Gâteau

10 ml (2 c. à thé) de café
    instantané

15 ml (1 c. à soupe) d'eau chaude

180 ml (3/4 tasse) de lait

60 ml (1/4 tasse) de yogourt au café
    ou nature

750 ml (3 tasses) de farine à
    pâtisserie

15 ml (1 c. à soupe) de poudre
    à pâte

5 ml (1 c. à thé) de bicarbonate
    de soude

250 ml (1 tasse) de beurre non salé,
    ramolli

430 ml (1 3/4 tasse) de sucre

15 ml (1 c. à soupe) d'extrait
    de vanille

5 œufs

Glaçage au café

30 ml (2 c. à soupe) de café instantané

30 ml (2 c. à soupe) d'eau chaude

250 ml (1 tasse) d'amandes tranchées

375 ml (1 1/2 tasse) de beurre non salé,
    ramolli

1 litre (4 tasses) de sucre à glacer

Gâteau

Diluer le café instantané dans l'eau chaude. Refroidir.

Placer la grille au centre du four. Préchauffer le four à 180 °C (350 °F). Beurrer 2 moules ronds de 20 cm (8 po).

Dans un bol, mélanger le café, le lait et le yogourt.

Dans un autre bol, mélanger la farine, la poudre à pâte et le bicarbonate de soude.

Dans un troisième bol, à l'aide d'un batteur électrique, fouetter le beurre, le sucre et la vanille jusqu'à ce que le mélange pâlisse. Ajouter les œufs, un à un, en fouettant jusqu'à ce que ce soit homogène.

Ajouter les ingrédients secs et les ingrédients liquides en alternant et en mélangeant à l'aide d'une cuillère de bois.

Cuire au four de 35 à 40 minutes ou jusqu'à ce qu'un cure-dent inséré au centre en ressorte propre. Laisser tiédir les gâteaux avant de les démouler. Laisser refroidir sur une grille.

Glaçage au café

Diluer le café instantané dans l'eau chaude. Refroidir.

Dans une poêle, griller les amandes. Réserver.

Dans un bol, fouetter le beurre, le sucre à glacer et le café jusqu'à ce que le mélange soit homogène. Réserver.

Assemblage

Trancher chaque gâteau en deux, à l'horizontale. Réserver environ 500 ml (2 tasses) de glaçage pour les côtés et le dessus du gâteau. Étendre le reste du glaçage entre chaque tranche de gâteau. Glacer les côtés et le dessus, puis couvrir d'amandes grillées.

DU VIN AU DESSERT ?

Ce gâteau est l'occasion rêvée de découvrir le Mavrodaphné de Patras, un étonnant vin de liqueur grec.

Tarte feuilletée
aux pommes et aux poires

TEMPS DE PRÉPARATION
20 MINUTES

TEMPS DE CUISSON
25 MINUTES

PORTIONS
4 À 6

250 g (1/2 lb) de pâte feuilletée du commerce, décongelée, froide
30 ml (2 c. à soupe) de lait
15 ml (1 c. à soupe) de sucre
3 poires rouges
Eau et jus de citron
250 ml (1 tasse) de compote de pommes rose (voir note ci-dessous)
60 ml (1/4 tasse) de confiture d'abricots chaude

Placer la grille dans le bas du four. Préchauffer le four à 180 °C (350 °F).

Abaisser la pâte feuilletée et la découper pour obtenir un carré de 23 cm (9 po).

À l'aide d'un couteau, couper délicatement une bande de pâte de 1 cm (1/2 po) tout autour de la pâte.

Badigeonner de lait le pourtour du carré de la pâte restante et coller la bande de pâte dessus. Badigeonner de lait le dessus de la bande et saupoudrer de sucre.

Couper les poires en deux et les évider à l'aide d'une cuillère parisienne (à melon). Trancher les demi-poires très finement et les tremper immédiatement dans de l'eau citronnée.

Étaler la compote sur la pâte sans toucher la bordure. Répartir les poires sur la compote en superposant légèrement les tranches les unes sur les autres.

Cuire au four environ 25 minutes. Badigeonner la garniture de confiture d'abricots chaude.

Vous pouvez acheter une compote de pommes rose ou la faire vous-même. Pour ce faire, il suffit de cuire les pommes avec leur pelure, puis de les passer à la moulinette. Les variétés de pommes à la pelure très rouge donneront une belle compote rosée.

161

Ce gâteau au chocolat a été inventé pour l'anniversaire de Sébastien Benoît. Les inconditionnels du chocolat vont mourir de plaisir.

Gâteau au chocolat

TEMPS DE PRÉPARATION
40 MINUTES

TEMPS DE CUISSON
1 HEURE

PORTIONS
10 À 12

Gâteau
500 ml (2 tasses) de farine à pâtisserie
250 ml (1 tasse) de cacao
10 ml (2 c. à thé) de poudre à pâte
8 œufs, à température ambiante
5 ml (1 c. à thé) de crème de tartre
750 ml (3 tasses) de sucre
250 ml (1 tasse) d'huile végétale
250 ml (1 tasse) de babeurre
15 ml (1 c. à soupe) d'extrait de vanille

Sirop
125 ml (1/2 tasse) de sucre
180 ml (3/4 tasse) d'eau

Glaçage au chocolat
310 ml (1 1/4 tasse) de beurre non
    salé, ramolli
60 ml (1/4 tasse) d'huile végétale
60 ml (1/4 tasse) de crème 35%
1,25 litre (5 tasses) de sucre à glacer
250 ml (1 tasse) de cacao

Gâteau
Placer la grille au centre du four. Préchauffer le four à 180 °C (350 °F).

Tapisser de papier parchemin 2 moules à charnière de 23 cm (9 po), beurrer et fariner.

Dans un bol, tamiser la farine, le cacao et la poudre à pâte. Réserver.

Dans un autre bol, fouetter au batteur électrique, à vitesse maximale, les œufs, la crème de tartre et le sucre jusqu'à ce que le mélange double de volume, soit environ 8 minutes. Ajouter l'huile, le babeurre et la vanille. Réduire la vitesse du batteur électrique. Ajouter les ingrédients secs en mélangeant rapidement.

Verser dans les moules. Cuire au four environ 1 heure ou jusqu'à ce qu'un cure-dent en ressorte propre. Laisser refroidir sur une grille. Couper chaque gâteau en deux, horizontalement.

Sirop
Dans une casserole, porter à ébullition le sucre et l'eau.

Glaçage au chocolat
Dans un bol, fouetter tous les ingrédients jusqu'à ce que le mélange devienne onctueux.

Badigeonner de sirop chaque étage de gâteau. Les tartiner de glaçage. Terminer en glaçant le gâteau uniformément.

QUOI BOIRE ?
Un bon verre de lait...
ou un Porto LBV

Préparer un sabayon peut faire peur, c'est vrai. Mais en fait, il suffit d'avoir un bon bras et de ne pas trop chauffer la préparation, sans quoi on obtient une omelette. Bien monté, le sabayon n'est pas un entremets fragile. Vous pouvez même le réfrigérer quelques heures dans des coupes sans qu'il ne perde son volume et son onctuosité. J'utilise aussi ce sabayon pour faire des gratins lorsque c'est la saison des petits fruits. Je nappe les fruits de sabayon et je les passe quelques minutes sous le gril chaud (*broil*) pour faire dorer.

Sabayon à l'érable
sur poires caramélisées

TEMPS DE PRÉPARATION
10 MINUTES

TEMPS DE CUISSON
20 MINUTES

PORTIONS
6

Poires caramélisées

45 ml (3 c. à soupe) de miel
30 ml (2 c. à soupe) de beurre
6 poires, pelées, épépinées et
*   coupées en six*

Sabayon à l'érable

6 jaunes d'œufs
125 ml (1/2 tasse) de sirop d'érable
60 ml (1/4 tasse) de whisky

Poires caramélisées

Dans une grande poêle, chauffer le miel et le beurre à feu élevé jusqu'à ce que le mélange commence à dorer. Ajouter les poires et cuire pendant environ 4 minutes de chaque côté. Réduire le feu si les fruits cuisent trop vite. Cuire jusqu'à ce que les poires soient dorées. Réserver.

Sabayon à l'érable

Dans la partie supérieure d'un bain-marie, hors du feu, fouetter les jaunes d'œufs, le sirop d'érable et le whisky. Déposer le bain-marie au-dessus de l'eau frémissante et fouetter sans arrêt de 8 à 10 minutes, jusqu'à l'obtention d'une sauce épaisse et onctueuse.

Disposer les poires dans 6 verres à martini et napper de sabayon. Servir sans attendre.

DU VIN AVEC CE DESSERT ?

Pourquoi pas ! Profitez de l'occasion pour découvrir deux très beaux vins de dessert : un Recioto Di Soave, d'Italie, ou un Côteaux Du Layon, du Val de Loire.

Gâteau sublime
à la noix de coco

TEMPS DE PRÉPARATION
50 MINUTES

TEMPS D'ATTENTE
2 HEURES

TEMPS DE CUISSON
1 HEURE

PORTIONS
10 À 12

Gâteau

750 ml (3 tasses) de farine à pâtisserie

15 ml (1 c. à soupe) de poudre à pâte

310 ml (1 1/4 tasse) de beurre non salé, ramolli

250 ml (1 tasse) de sucre

4 oeufs

375 ml (1 1/2 tasse) de lait

Garniture à la noix de coco

500 ml (2 tasses) de lait concentré sucré

5 jaunes d'œufs, légèrement battus

180 ml (3/4 tasse) de beurre non salé, ramolli

375 ml (1 1/2 tasse) de pacanes grillées, hachées

500 ml (2 tasses) de noix de coco râpée non sucrée (1 sac de 250 g)

10 ml (2 c. à thé) d'extrait de vanille

Guimauve maison

375 ml (1 1/2 tasse) de sucre

75 ml (1/3 tasse) d'eau chaude

5 ml (1 c. à thé) d'extrait de vanille

20 ml (4 c. à thé) de gélatine

125 ml (1/2 tasse) d'eau froide

Pour le montage

375 ml (1 1/2 tasse) de noix de coco râpée ou en flocons non sucrée (voir note ci-dessous)

Gâteau

Placer la grille au centre du four. Préchauffer le four à 180 °C (350 °F). Tapisser de papier parchemin le fond de 2 moules ronds de 20 cm (8 po) et bien beurrer.

Dans un bol, mélanger la farine et la poudre à pâte. Dans un autre bol, fouetter le beurre et le sucre au batteur électrique jusqu'à ce que le mélange blanchisse. Ajouter les œufs, un à la fois, en fouettant. Incorporer délicatement le lait et les ingrédients secs, en alternant.

Cuire au four de 30 à 35 minutes ou jusqu'à ce qu'un cure-dent inséré au centre en ressorte propre. Laisser tiédir et démouler.

Garniture à la noix de coco

Dans une casserole, hors du feu, mélanger le lait concentré, les jaunes d'œufs et le beurre. Cuire à feu doux de 10 à 15 minutes en remuant à la cuillère de bois. Ne pas laisser bouillir. Ajouter les pacanes, la noix de coco et la vanille. Mélanger et laisser refroidir pendant 2 heures au réfrigérateur.

Guimauve maison

Dans un bol, mélanger le sucre et l'eau chaude. Ajouter la vanille. Dans un autre bol, faire gonfler la gélatine dans l'eau froide de 2 à 3 minutes. Faire fondre complètement au four à micro-ondes ou au bain-marie. Ajouter au mélange de sucre. Mélanger et laisser tempérer. Battre environ 10 minutes au batteur électrique ou jusqu'à ce que le mélange ait la texture d'une meringue souple.

Pour le montage

Trancher les gâteaux en deux à l'horizontale. Retirer la partie bombée sur le dernier étage du gâteau. Répartir un tiers de la garniture entre chaque étage. Glacer le gâteau entièrement avec la guimauve. Y coller la noix de coco avec les mains. Conserver dans un endroit frais, mais pas au réfrigérateur.

Les restes de lait concentré sucré se congèlent sans problème. Pour décorer le gâteau, nous avons utilisé des flocons de noix de coco. Plus larges que la noix de coco râpée, ils donnent au gâteau un air duveteux et aérien. On dirait un gâteau en plumes ! C'est le dessert idéal pour un baptême ou un petit mariage. Ces flocons sont vendus en vrac dans les magasins de produits naturels. Si vous n'en trouvez pas, de la noix de coco râpée fera aussi l'affaire.

À l'époque où j'étais critique de restos pour le magazine *Elle Québec*, je commandais souvent la crème caramel, mon dessert fétiche. Cette recette a beau être des plus simples, elle est très souvent ratée : mauvaise cuisson, onctuosité gênée par la présence de bulles d'air, manque de sirop... Mais bien que ce soit un dessert fragile, lorsqu'il est réussi, c'est divin.

Crème caramel

TEMPS DE PRÉPARATION
25 MINUTES

TEMPS DE CUISSON
40 MINUTES

TEMPS D'ATTENTE
4 HEURES

PORTIONS
6

Caramel
125 ml (1/2 tasse) de sucre
30 ml (2 c. à soupe) d'eau

Flan
60 ml (1/4 tasse) de sucre
10 ml (2 c. à thé) d'extrait de vanille
500 ml (2 tasses) de lait, chaud
3 œufs, légèrement battus

Placer la grille au centre du four. Préchauffer le four à 180 °C (350 °F).

Caramel
Dans une casserole, chauffer le sucre et l'eau jusqu'à l'obtention d'un caramel de couleur foncée (acajou). Répartir dans six ramequins d'une contenance de 125 ml (1/2 tasse). Laisser refroidir.

Flan
Ajouter le sucre et la vanille au lait chaud. Remuer jusqu'à ce que le sucre soit dissous. Dans un bol, fouetter les œufs. Y incorporer le liquide chaud toujours en fouettant. Verser dans les ramequins.

Préparer un bain-marie, c'est-à-dire déposer un linge au fond d'un grand plat de cuisson. Y déposer les ramequins et verser de l'eau chaude jusqu'à mi-hauteur des ramequins. Cuire au four environ 40 minutes. L'eau ne doit jamais bouillir.

Retirer du four et de l'eau. Laisser tiédir. Réfrigérer pendant 4 heures.

Passer la lame d'un couteau tout autour des ramequins, renverser et servir très froid.

Pour terminer un repas en beauté, je sers souvent la crème brûlée dans des jolies cuillères. Les femmes apprécient souvent cette petite portion. Pour ce faire, déposez un peu de crème brûlée cuite et refroidie dans des cuillères à soupe. Saupoudrez de sucre et, pour caraméliser, attention, le spectacle commence ! Allumez le rond de la cuisinière (à serpentins ou au gaz), faites-y chauffer deux vieux couteaux. En vous protégeant la main avec une mitaine pour le four, faites glisser doucement la lame du couteau sur le sucre devant vos invités. Wow !

Crème brûlée

TEMPS DE PRÉPARATION
15 MINUTES

TEMPS DE CUISSON
40 MINUTES

TEMPS D'ATTENTE
4 HEURES

PORTIONS
4

560 ml (2 1/4 tasses) de crème 35 %
1 gousse de vanille ou 5 ml (1 c. à thé) d'extrait de vanille
5 jaunes d'œufs
125 ml (1/2 tasse) de sucre

Placer la grille au centre du four. Préchauffer le four à 170 °C (325 °F).

Dans une casserole, chauffer la crème 5 minutes avec la gousse de vanille coupée en 2 sans faire bouillir, juste pour infuser la vanille. Gratter les grains de vanille et les mélanger au lait. À défaut d'avoir une gousse de vanille, ajouter l'extrait de vanille à la crème chaude.

Dans un bol, fouetter les jaunes d'œufs et la moitié du sucre. Ajouter la crème chaude en remuant. Verser la préparation dans 4 plats à crème brûlée d'une contenance de 180 ml (3/4 tasse) ou dans des ramequins.

Cuire au bain-marie. Pour ce faire, déposer un linge au fond d'un grand plat de cuisson. Y déposer les plats et verser de l'eau chaude jusqu'à mi-hauteur des plats. Cuire au four environ 35 minutes.

Laisser tiédir et réfrigérer pour refroidir complètement, soit environ 4 heures.

Saupoudrer le reste du sucre et caraméliser rapidement à l'aide d'un fer à crème brûlée ou d'une torche. On pourrait aussi caraméliser les crèmes brûlées sous le gril (broil) très chaud du four. Servir immédiatement.

QUOI BOIRE ?
Un Moscatel de Setubal du Portugal

Cake à la betterave

TEMPS DE PRÉPARATION
30 MINUTES

TEMPS DE CUISSON
1 HEURE

PORTIONS
10 À 12

750 ml (3 tasses) de farine à pâtisserie

15 ml (1 c. à soupe) de poudre à pâte

5 ml (1 c. à thé) de bicarbonate
   de soude

10 ml (2 c. à thé) de cannelle moulue

5 ml (1 c. à thé) de muscade moulue

250 ml (1 tasse) d'ananas broyés, bien
   égouttés

250 ml (1 tasse) de dattes,
   dénoyautées et hachées

250 ml (1 tasse) de raisins secs

250 ml (1 tasse) de pacanes hachées

250 ml (1 tasse) d'huile végétale

375 ml (1 1/2 tasse) de cassonade,
   tassée

4 œufs

500 ml (2 tasses) de betteraves
   (environ 2 moyennes), pelées et
   râpées

Placer la grille au centre du four. Préchauffer le four à 180 °C (350 °F). Beurrer et fariner un moule à cheminée de 23 cm (9 po). Le fond du moule peut être décoré de motifs gravés.

Dans un bol, mélanger la farine, la poudre à pâte, le bicarbonate de soude, la cannelle et la muscade. Réserver.

Dans un autre bol, mélanger les ananas, les dattes, les raisins et les pacanes. Réserver.

Dans un grand bol, fouetter au batteur électrique l'huile végétale et la cassonade jusqu'à l'obtention d'une consistance homogène. Ajouter les œufs, un à la fois, en fouettant bien entre chacun, jusqu'à l'obtention d'un mélange lisse et crémeux. Ajouter les betteraves râpées. Incorporer les ingrédients secs aux ingrédients liquides. Terminer en incorporant le mélange de fruits et de noix.

Verser l'appareil dans le moule. Cuire au four environ 1 heure ou jusqu'à ce qu'un cure-dent en ressorte propre.

Laisser tiédir 10 minutes avant de démouler sur une grille.

Laisser refroidir complètement.

Un livre de recettes sans brownies n'en est pas tout à fait un. Certains les aiment chauds, d'autres les préfèrent sans noix, les plus raisonnables les font sans glaçage. Mais peu importe comment vous les aimez, c'est un incontournable. Pour ma part, je les aime vraiment cochons, avec un glaçage au chocolat et au fromage à la crème.

Brownies

TEMPS DE PRÉPARATION
25 MINUTES

TEMPS DE CUISSON
40 MINUTES

PORTIONS
12

Gâteau

*120 g (4 oz) de chocolat non sucré,
    haché grossièrement*
*120 g (4 oz) de chocolat mi-sucré,
    haché grossièrement*
*250 ml (1 tasse) de beurre non salé,
    ramolli*
375 ml (1 1/2 tasse) de sucre
4 œufs, à la température ambiante
15 ml (1 c. à soupe) d'extrait de vanille
250 ml (1 tasse) de farine
2,5 ml (1/2 c. à thé) de poudre à pâte
*250 ml (1 tasse) de pacanes,
    grossièrement hachées (facultatif)*

Glaçage

120 g (4 oz) de chocolat mi-sucré
30 ml (2 c. à soupe) de beurre non salé
30 ml (2 c. à soupe) d'eau
*1/2 paquet de 125 g (4 oz) de fromage
    à la crème, ramolli*
*250 ml (1 tasse) de sucre à glacer,
    tamisé*

Gâteau

Placer la grille au centre du four. Préchauffer le four à 160 °C (325 °F). Beurrer un moule de 33 x 23 cm (13 x 9 po).

Au bain-marie, fondre le chocolat en remuant. Réserver.

Dans un bol, battre le beurre et le sucre au batteur électrique. Ajouter les œufs, un à la fois, et battre jusqu'à ce que le mélange devienne pâle et crémeux. Tout en battant, ajouter le chocolat fondu et la vanille.

Dans un autre bol, tamiser la farine et la poudre à pâte. Incorporer les ingrédients secs et les pacanes au mélange de chocolat, à la cuillère de bois.

Verser dans le moule. Cuire au four environ 40 minutes ou jusqu'à ce que le pourtour du gâteau soit ferme et croustillant. Laisser refroidir dans le moule.

Glaçage

Dans une petite casserole, chauffer le chocolat, le beurre et l'eau à feu doux jusqu'à ce que le mélange soit lisse. Réserver.

Dans un bol, battre le fromage à la crème. Y ajouter le mélange précédent. En battant, ajouter graduellement le sucre à glacer jusqu'à que le glaçage soit lisse et homogène.

Glacer le gâteau uniformément. Couper en carrés. Si désiré, accompagner de crème glacée à la vanille.

Grande tendance en restauration depuis quelques années, ce dessert est simplement un petit gâteau au chocolat qui n'est pas assez cuit. Bon, j'en conviens, le savoir enlève un peu de romantisme. Un téléspectateur rencontré au marché m'a donné une super idée. Il cache une belle grosse cerise dénoyautée au centre du gâteau avant la cuisson.... comme des Cherry Blossoms ! Pourquoi pas des cerises macérées dans l'alcool ? C'est très simple comme recette. On peut la préparer à l'avance, la réfrigérer et la cuire à la dernière minute. Lorsque le gâteau a passé par le frigo, il faut prévoir environ 13 minutes de cuisson pour obtenir un cœur coulant.

Gâteau au chocolat
au cœur fondant

TEMPS DE PRÉPARATION
20 MINUTES

TEMPS DE CUISSON
10 MINUTES

PORTIONS
6

3 œufs
2 jaunes d'œufs
45 ml (3 c. à soupe) de sucre
125 ml (1/2 tasse) de beurre non salé
120 g (4 oz) de chocolat mi-sucré, haché
75 ml (1/3 tasse) de farine

Placer la grille au centre du four. Préchauffer le four à 190 °C (375 °F).

Bien beurrer et saupoudrer de sucre 6 ramequins d'une contenance de 125 ml (1/2 tasse) chacun.

Dans un bol, fouetter les œufs, les jaunes d'œufs et le sucre pendant 5 minutes.

Dans une casserole à feu très doux, faire fondre le beurre. Ajouter le chocolat et remuer jusqu'à ce qu'il soit fondu. Incorporer délicatement au mélange précédent. Ajouter la farine en pliant.

Répartir dans les ramequins et cuire au four environ 10 minutes.

Renverser immédiatement dans une assiette. Le centre du gâteau devrait être coulant. Décorer de petits fruits rouges et de sucre à glacer.

ET POUR LE VIN ?
Un Bahyuls ou
un Maury

175

Il n'y a pas si longtemps, on avait l'habitude d'offrir du sirop d'érable en cadeau aux Français. J'opte maintenant pour le cidre de glace et j'ai un succès monstre à chaque fois. Que ce soit un Américain, un Italien ou un Japonais, tous sont fascinés par ce produit québécois unique à notre climat. Je ne peux que souhaiter une appellation qui serait propre à ce cidre liquoreux et qui le protégerait de futurs imposteurs venus d'ailleurs.

Gelée de cidre de glace

TEMPS DE PRÉPARATION
10 MINUTES

TEMPS DE RÉFRIGÉRATION
3 H 30

TEMPS DE CUISSON
2 MINUTES

PORTIONS
6

5 ml (1 c. à thé) de gélatine
210 ml (3/4 tasse + 2 c. à soupe) de jus
    de pomme, froid
125 ml (1/2 tasse) de cidre de glace
18 framboises fraîches
125 ml (1/2 tasse) de crème 35 %
    à fouetter
15 ml (1 c. à soupe) de sucre

Dans un bol, mélanger la gélatine et le jus de pomme. Laisser gonfler pendant 5 minutes puis dissoudre au micro-ondes. Ajouter la gélatine au cidre de glace et bien mélanger.

Répartir le mélange dans 6 petits verres décoratifs ou des verres à martini. Laisser prendre au réfrigérateur pendant environ 1 h 30 ou jusqu'à ce que le mélange soit assez ferme pour que l'on puisse y enfoncer 3 framboises par portion. Réfrigérer à nouveau pendant environ 2 heures.

À l'aide d'un batteur électrique, fouetter la crème avec le sucre jusqu'à l'obtention de pics mous.

Répartir la crème fouettée sur la gelée de cidre de glace. Servir avant le dessert.

Ma version de la Tatin est inspirée de la recette européenne, mais je l'ai américanisée en y ajoutant du caramel et des pacanes. Lorsque je prépare cette recette, je fais en sorte qu'elle soit prête à sortir du four 15 minutes après l'arrivée des amis. Je démoule devant eux, tout le monde salive jusqu'au dessert… et moi je jubile.

Tarte Tatin aux poires
et aux pacanes

TEMPS DE PRÉPARATION
20 MINUTES

TEMPS DE CUISSON
40 MINUTES

TEMPS DE REFROIDISSEMENT
1 HEURE

PORTIONS
8

Pâte brisée (2 abaisses)

430 ml (1 3/4 tasse) de farine

2,5 ml (1/2 c. à thé) de sel

150 ml (10 c. à soupe) de beurre doux, très froid, coupé en morceaux

30 ml (2 c. à soupe) de graisse végétale, très froide, coupée en morceaux

De 60 à 75 ml (1/4 à 1/3 tasse) d'eau glacée

Garniture

5 poires fermes, pelées, coupées en deux et épépinées

30 ml (2 c. à soupe) de beurre non salé

75 ml (1/3 tasse) de cassonade

125 ml (1/2 tasse) de moitiés de pacanes, grillées

Pâte brisée

Dans le bol du robot culinaire, déposer la farine et le sel. Actionner une seconde simplement pour mélanger.

Ajouter le beurre et la graisse végétale. Actionner de façon intermittente quelques secondes jusqu'à ce que le mélange ait une texture grossière et granuleuse.

Ajouter l'eau et actionner de façon intermittente jusqu'à ce qu'une boule commence à se former. Retirer la pâte. Former une boule avec les mains. Fariner puis envelopper la pâte d'une pellicule de plastique. Laisser reposer environ 1 heure au réfrigérateur.

Placer la grille dans le bas du four. Préchauffer le four à 180 °C (350 °F).

Garniture

Dans une poêle de 20 cm (8 po) allant au four, caraméliser les poires de tous les côtés dans le beurre et la cassonade. Plus les poires seront cuites, plus elles seront fragiles. Ajouter les pacanes et bien mélanger. Toutes les poires doivent avoir le côté bombé vers le bas. Retirer du feu et réserver.

Abaisser la moitié de la pâte pour obtenir un cercle légèrement plus grand que le diamètre de la poêle. Déposer la pâte sur les poires. Bien border le pourtour entre les poires et le rebord de la poêle. Cuire au four environ 30 minutes.

Laisser reposer 5 minutes. Démouler en renversant sur une assiette de présentation. Servir immédiatement.

Enveloppez soigneusement la seconde moitié de pâte d'une pellicule de plastique et congelez-la pour un autre usage. Décongelez-la au réfrigérateur.

Comme ce dessert doit être préparé à la minute, il est parfait pour prendre une pause après le plat principal. Je le fais souvent devant les amis qui aiment donner un coup de main. Visuellement, le résultat est surprenant puis c'est tellement bon !

Risotto choco-espresso

TEMPS DE PRÉPARATION
15 MINUTES

TEMPS DE CUISSON
25 MINUTES

PORTIONS
4 À 6

125 ml (1/2 tasse) de riz arborio
    ou de riz carnaroli
45 ml (3 c. à soupe) de beurre
    non salé
45 ml (3 c. à soupe) de Grand Marnier
    ou autre liqueur à l'orange
30 ml (2 c. à soupe) de café espresso
    ou de café très fort
750 ml (3 tasses) de lait, chaud
60 ml (1/4 tasse) de crème 35 %
90 g (3 oz) de chocolat blanc,
    haché grossièrement
60 g (2 oz) de chocolat au lait ou noir,
    haché grossièrement

Dans une casserole, faire revenir le riz dans le beurre à feu moyen.

Ajouter la liqueur d'orange et laisser réduire de moitié en remuant.

Ajouter l'espresso au lait chaud. En ajouter 125 ml (1/2 tasse) au riz. Cuire à feu moyen en remuant de temps à autre, jusqu'à évaporation presque complète. Répéter l'opération jusqu'à ce que le mélange de lait soit presque entièrement incorporé. L'opération prend environ 20 minutes. Il ne devrait alors plus rester de liquide et le riz devrait être tendre.

Ajouter la crème et le chocolat. Ne pas trop brasser pour conserver un peu de l'effet marbré du chocolat.

Servir ce risotto dans des tasses à café espresso.
Si désiré, coiffer de crème fouettée.

Toutes les familles ont leur recette de tarte au sucre. C'est un classique de la gastronomie québécoise. Cette tarte est exactement comme celle que ma mère faisait. Quand mon ami Pascal arrivait à la maison, on se sauvait avec la tarte et deux cuillères.

Tarte au sucre

TEMPS DE PRÉPARATION
5 MINUTES

TEMPS DE CUISSON
30 MINUTES

PORTIONS
6 À 8

310 ml (1 1/4 tasse) de cassonade
30 ml (2 c. à soupe) de fécule de maïs
30 ml (2 c. à soupe) de farine
250 ml (1 tasse) de crème 35 %
    à fouetter
1 œuf
10 ml (2 c. à thé) d'extrait de vanille
1 abaisse de pâte brisée, non cuite
    (recette p. 179)

Placer la grille dans le bas du four. Préchauffer le four à 190 °C (375 °F).

Dans une casserole, hors du feu, mélanger la cassonade et la fécule de maïs. Ajouter le reste des ingrédients et bien mélanger.

Cuire à feu moyen jusqu'à ébullition et épaississement. Verser dans l'abaisse et cuire au four environ 25 minutes.

Gâteau praliné aux pacanes

TEMPS DE PRÉPARATION
45 MINUTES

TEMPS DE CUISSON
30 MINUTES

PORTIONS
10

Gâteau

500 ml (2 tasses) de farine
   à pâtisserie
10 ml (2 c. à thé) de poudre
   à pâte
180 ml (3/4 tasse) de beurre non
   salé, ramolli
180 ml (3/4 tasse) de sucre
5 ml (1 c. à thé) d'extrait de vanille
4 œufs
180 ml (3/4 tasse) de lait

Sirop

45 ml (3 c. à soupe) d'eau
15 ml (1 c. à soupe) de rhum
60 ml (1/4 tasse) de sucre

Pacanes pralinées

625 ml (2 1/2 tasses) de pacanes
1 blanc d'œuf, légèrement battu
180 ml (3/4 tasse) de cassonade

Glaçage à l'érable

1 litre (4 tasses) de sucre à glacer
250 ml (1 tasse) de beurre non salé,
   ramolli
125 ml (1/2 tasse) de sirop d'érable

Gâteau

Placer la grille au centre du four. Préchauffer le four à 180 °C (350 °F). Tapisser de papier parchemin deux moules à gâteau carrés de 20 cm (8 po). Beurrer les deux côtés du papier.

Dans un bol, mélanger la farine et la poudre à pâte. Dans un autre bol, à l'aide d'un batteur électrique, fouetter le beurre, le sucre et la vanille jusqu'à ce que le mélange pâlisse. Ajouter les œufs, un à un, en fouettant. Ajouter les ingrédients secs et le lait, en alternant. Mélanger au batteur électrique. Étaler dans les moules.

Cuire au four environ 20 minutes ou jusqu'à ce qu'un cure-dent inséré au centre en ressorte propre. Démouler et laisser refroidir sur une grille.

Sirop

Dans une petite casserole, porter tous les ingrédients à ébullition et laisser mijoter 1 minute. Retirer du feu et laisser tiédir.

Pacanes pralinées

Préchauffer le four à 200 °C (400 °F). Tremper les pacanes dans le blanc d'œuf puis les enrober généreusement de cassonade. Déposer sur deux plaques de cuisson tapissées de papier parchemin. Laisser assez d'espace entre les pacanes pour les empêcher de se toucher pendant la cuisson. Cuire au four environ 10 minutes. Laisser tiédir et hacher grossièrement. Réserver le tiers des pacanes pour décorer le dessus du gâteau.

Glaçage à l'érable

Dans un bol, à l'aide d'un batteur électrique, fouetter le sucre à glacer, le beurre et le sirop d'érable jusqu'à ce que le mélange soit onctueux. Réserver le tiers du glaçage pour le dessus du gâteau. Incorporer les deux tiers des pacanes au glaçage restant.

Assemblage

Couper chaque gâteau en deux, à l'horizontale. Retirer le bout bombé de l'une des tranches du dessus et la réserver pour le dessus du gâteau. Placer une tranche de gâteau bien à plat dans une assiette de service. Arroser du tiers du sirop, puis tartiner avec le quart du glaçage. Répéter les étapes avec deux autres tranches de gâteau. Étendre le glaçage réservé sur la dernière tranche de gâteau et parsemer de pacanes réservées en pressant légèrement avec les mains.

UN PEU DE VIN ?

Un bon Porto Tawny

Gâteau forêt-noire

TEMPS DE PRÉPARATION
30 MINUTES

TEMPS DE CUISSON
30 MINUTES

PORTIONS
12

Gâteau

430 ml (1 3/4 tasse) de farine
   à pâtisserie
125 ml (1/2 tasse) de cacao
5 ml (1 c. à thé) de poudre à pâte
125 ml (1/2 tasse) de beurre non salé,
   ramolli
310 ml (1 1/4 tasse) de sucre
2 oeufs
5 ml (1 c. à thé) d'extrait de vanille
250 ml (1 tasse) de lait

Garniture

1 pot de 540 ml (19 oz) de griottes
   (petites cerises), égouttées
125 ml (1/2 tasse) de sucre
45 ml (3 c. à soupe) de kirsch
Gros copeaux de chocolat

Crème Chantilly

750 ml (3 tasses) de crème 35%
   à fouetter
125 ml (1/2 tasse) de sucre
10 ml (2 c. à thé) d'extrait de vanille

Gâteau

Placer la grille au centre du four. Préchauffer le four à 180 °C (350 °F).

Tapisser de papier parchemin le fond de 2 moules ronds de 20 cm (8 po) et bien les beurrer.

Dans un bol, tamiser la farine, le cacao et la poudre à pâte. Réserver.

Dans un autre bol, à l'aide d'un batteur électrique, fouetter le beurre et le sucre jusqu'à ce que le mélange soit onctueux. Ajouter les œufs et la vanille. Bien mélanger. Ajouter les ingrédients secs en alternant avec le lait. Étaler dans les moules.

Cuire au four pendant environ 30 minutes ou jusqu'à ce qu'un cure-dent inséré au centre en ressorte propre.

Laisser tiédir les gâteaux puis les démouler. Laisser refroidir sur une grille.

Garniture

Égoutter les cerises et réserver 125 ml (1/2 tasse) de leur jus. Dans une petite casserole, porter le jus à ébullition avec le sucre. Une fois le sucre bien fondu, ajouter le kirsch et retirer du feu. Laisser refroidir.

Crème Chantilly

Dans un bol, fouetter la crème, le sucre et la vanille jusqu'à l'obtention de pics fermes.

Assemblage

Couper les gâteaux en deux à l'horizontale. Déposer une première tranche de gâteau sur une assiette de présentation. Couvrir du quart du sirop aux cerises, en le déposant à la cuillère. Poursuivre avec le quart de la crème Chantilly et la moitié des cerises. Couvrir d'une tranche de gâteau. Arroser à nouveau du quart du sirop et étaler d'un quart de la crème Chantilly. Couvrir d'une troisième tranche de gâteau, d'un quart du sirop, d'un quart de la crème Chantilly puis du reste des cerises. Couvrir de la dernière tranche de gâteau, verser le reste de sirop puis couvrir du reste de crème Chantilly. Garnir de copeaux de chocolat.

**DU VIN AU DESSERT...
POURQUOI PAS ?**

Porto et chocolat font toujours bon ménage. Ce gâteau sera donc délicieux avec un porto LBV ou encore avec un Banyuls. Ce vin de dessert du Languedoc-Roussillon s'harmonise très bien avec le chocolat.

Trilogie de fromages

Chèvre chaud sur pomme

TEMPS DE PRÉPARATION **5 MINUTES**
TEMPS DE CUISSON **7 MINUTES**
PORTIONS **6**

1 pomme rouge
15 ml (1 c. à soupe) d'huile de noix
1 bûchette de 100 g (3 1/3 oz) de fromage de chèvre frais, coupé en six rondelles
30 ml (2 c. à soupe) de noisettes hachées
Fleur de sel
Poivre du moulin
7,5 ml (1 1/2 c. à thé) de miel
7,5 ml (1 1/2 c. à thé) de ciboulette fraîche, ciselée

Placer la grille dans le haut du four. Préchauffer le four à gril (broil).

Couper les deux extrémités de la pomme, puis la trancher en six rondelles. Avec la pointe d'un couteau, retirer le centre de chaque rondelle. Déposer sur une plaque de cuisson et badigeonner avec l'huile.

Cuire les pommes sous le gril pendant environ 5 minutes.

Placer un morceau de fromage sur chaque rondelle de pomme. Saupoudrer de noisettes. Cuire au four de 1 à 2 minutes, jusqu'à ce que le fromage commence à fondre.

À la sortie du four, assaisonner d'une pincée de sel et poivrer. Arroser de miel. Parsemer de ciboulette. Servir chaud.

« Bonbons » au brie et aux pistaches

TEMPS DE PRÉPARATION **15 MINUTES**
TEMPS DE CUISSON **15 MINUTES**
PORTIONS **12**

3 échalotes françaises, hachées finement
30 ml (2 c. à soupe) de beurre
2 feuilles de pâte phyllo
60 ml (1/4 tasse) de beurre fondu
60 ml (1/4 tasse) de pistaches broyées
60 g (2 oz) de brie, la croûte enlevée, coupé en cubes de 1 cm (1/2 po)

Placer la grille au centre du four. Préchauffer le four à 180 °C (350 °F).

Dans une casserole, attendrir les échalotes dans le beurre.

Déposer une feuille de pâte phyllo sur un plan de travail et la badigeonner de beurre fondu. Saupoudrer de pistaches et couvrir de l'autre feuille de pâte. Couper en 12 carrés de 10 cm (4 po).

Au centre de chaque carré, déposer un morceau de fromage et 5 ml (1 c. à thé) d'échalotes. Enrouler le carré sur lui-même et pincer la pâte de part et d'autre du fromage pour donner la forme d'un bonbon.

Badigeonner de beurre et déposer sur une plaque de cuisson. Cuire au four pendant environ 15 minutes. Servir chaud.

Crème brûlée au bleu

TEMPS DE PRÉPARATION **5 MINUTES**
TEMPS DE CUISSON **15 MINUTES**
PORTIONS **10**

250 ml (1 tasse) de crème 35 % à cuisson
75 ml (1/3 tasse) de fromage bleu émietté
5 jaunes d'œufs
Sel et poivre
Environ 30 ml (2 c. à soupe) de noix de Grenoble grillées, hachées finement

Placer la grille au centre du four. Préchauffer le four à 150 °C (300 °F).

Dans une casserole, chauffer doucement la crème et le fromage jusqu'à ce qu'il soit fondu. Retirer du feu. Laisser tiédir.

Placer les jaunes d'œufs dans un bol. Ajouter la préparation au fromage, en fouettant. Saler et poivrer. Verser dans 10 ramequins de 60 ml (1/4 tasse).

Déposer les ramequins dans un plat de cuisson. Ajouter suffisamment d'eau chaude pour couvrir les parois des ramequins jusqu'à mi-hauteur. Cuire au four pendant environ 15 minutes. Réfrigérer de 3 à 4 heures.

Parsemer de noix et servir.

« Lâche pas Béatrice,
ça achève ! »

les plats
à l'index

Index alphabétique des recettes

« L'art de se nourrir
conduit à l'art d'aimer. »

RAYMOND·DUMAY